YOUER ZHUDONG XUEXI——ZHIJIA YOUER XUEXI DE JIAOYU SHIJIAN

幼儿主动学习

——支架幼儿学习的教育实践

马 虹 李 峰 吴采红 主编

中国农业出版社

北 京

图书在版编目（CIP）数据

幼儿主动学习：支架幼儿学习的教育实践 / 马虹，李峰，吴采红主编 . —北京：中国农业出版社，2018.10
ISBN 978 - 7 - 109 - 24371 - 2

Ⅰ.①幼… Ⅱ.①马… ②李… ③吴… Ⅲ.①幼儿园－教学活动－教学研究 Ⅳ.①G612

中国版本图书馆 CIP 数据核字（2018）第 159325 号

中国农业出版社出版

（北京市朝阳区麦子店街 18 号楼）

（邮政编码 100125）

策划编辑 梁艳萍

责任编辑 梁艳萍

北京中兴印刷有限公司印刷 新华书店北京发行所发行

2018 年 10 月第 1 版 2018 年 10 月北京第 1 次印刷

开本：700mm×1000mm 1/16 印张：16

字数：384 千字

定价：56.00 元

编　委　会

指导专家　　　罗　滨　申军红

主　　编　　　马　虹　李　峰　吴采红

编　　委　　　马　虹　李　峰　吴采红　赵蕊莉
　　　　　　　周立莉　张瑞芳　陈敏倩　田彭彭

编写人员（按姓氏笔画排序）

　　　　　　　马　虹　马宇娟　王　娟　田彭彭
　　　　　　　边　晶　闫　莫　许丽君　苏　丽
　　　　　　　李　峰　李在琦　李晓芸　李嘉玉
　　　　　　　吴采红　宋　丹　张冰钰　张瑞芳
　　　　　　　张冀凤　陈敏倩　金　瑛　周立莉
　　　　　　　孟　帆　赵　娜　赵蕊莉　贾晓秀
　　　　　　　殷　珺　魏迎迎

序　言

　　《幼儿园教育指导纲要（试行）》（以下简称《纲要》）指出："幼儿是积极的活动者和主动的学习者，他们有着与生俱来的好奇心和探究欲望，并以自己的方式与周围世界相互作用。"《3～6岁儿童学习与发展指南》（以下简称《指南》）也提到"幼儿在活动过程中表现出的积极态度和良好行为倾向是终身学习与发展所必需的宝贵品质……"从研"教"到研"学"，研究幼儿如何主动学习和自主发展是幼儿园课程改革的必然。当今，学前教育改革也更加凸显对幼儿主动学习的研究与实践，让幼儿真正成为学习的主人。如何把学习的主动权还给幼儿，尊重他们的兴趣和需要并提供自主发展的机会，引导他们主动参与，变"要我学"为"我要学"……这些问题一直困扰着广大一线教师。《幼儿主动学习——支架幼儿学习的教育实践》一书正是基于教师的这一需要而编著的，旨在帮助教师通过生动的案例理解主动学习的核心内涵，以及支架幼儿主动学习的主要途径和策略，实现观念和行为的转变。

本书以引领幼儿教师贯彻《纲要》精神和践行《指南》为目标，以北京市幼儿教师教育活动展示为契机，依托海淀区幼儿园教师研修项目，研究骨干教师组织一日生活的教育实践与策略，形成了支架幼儿主动学习的十五个教育教学实践案例，呈现出不同教育环节、组织形式、教育内容中幼儿的主动学习。这一研究成果由北京市海淀区教师进修学校学前教育研修室和海淀区十多所市（或区）级示范幼儿园深度挖掘、整合梳理而成，是团队的共研共创、是集体智慧的结晶。它既是海淀区幼儿园教师践行《指南》精神的优秀成果，也是区学前教育研修室在开展幼儿教师研修过程中不断探索而形成的优质课程资源。

全书分为两部分，第一部分是幼儿主动学习概述，从理念上阐述幼儿主动学习的相关概念、意义价值、发生的条件以及如何支架幼儿主动学习的具体策略；第二部分为十五个教育实践活动案例，包括综合主题活动、生活活动、区域游戏、体育游戏、集体教学、亲子游戏等内容。大部分案例包含幼儿活动经典片段实录、教师分析与反思、教研员点评。

为了更好地帮助读者获得真实的体验和感受，本书既有文本资源，又有相关视频资源，能够立体地再现教师教育过程。文字和相关视频能够真实地展现出幼儿在探索学习过程中的语言、表情、行为、动作，以及教师追随幼儿的兴趣需要支架幼儿主动学习的具体教育实践情景，使读者的学习更加生动直观。同时，活动案例中的教师反思和教研员专业评析能帮助教师学会研究、学会分析、学会思考，更深入地理解幼儿主动学习的理念，并获得幼儿主动学习背后教师有效的支架策略，从而将理论与实践有效对接。

　　《幼儿主动学习——支架幼儿学习的教育实践》以其有效对接《指南》、理论联系实践、学习可视化等特点，研究骨干教师的教育经验，形成了支架幼儿主动学习的经典之作。这是海淀区"十二五""十三五"时期幼儿教师的研修成果，也将成为幼儿教师研修课程资源，帮助教师提升专业化水平。书中难免有些许不妥之处，敬请各位专家同仁批评指正。

　　最后，特别感谢北京市海淀区教师进修学校各级领导的支持和帮助，感谢十五位骨干教师及其所在园所的园长、业务管理者们的辛勤付出！

编　者
2018 年 5 月

目 录

第一章

幼儿主动学习的概述

21 世纪的人类社会已经进入了终身教育、终身学习的时代，这个时代要求人们具有不断学习的动机和能力，即主动学习的品质。现代儿童学习观认为："儿童的学习应该是主动的、建构式的发现学习，而不是被动的、机械式的接受性学习，是生活经验体系而非科学知识体系。"有意义的学习一定是学习者主动建构的过程。当前，世界范围内的学前教育也从关注儿童"学什么"转变到关注儿童"如何学习"，强调幼儿是学习的主体，主动学习品质的培养从幼儿阶段就应该得到重视。

在我国学前教育领域重要的纲领性文件中都强调了幼儿是主动的学习者，应重视培养幼儿主动学习的良好学习品质。《幼儿园教育指导纲要（试行）》（以下简称《纲要》）指出："幼儿是积极的活动者和主动的学习者，他们有着与生俱来的好奇心和探究欲望，并以自己的方式与周围世界相互作用"。2012 年，教育部颁布了《3～6 岁儿童学习与发展指南》（以下简称《指南》），提出"幼儿在活动过程中表现出的积极态度和良好行为倾向是终身学习与发展所必需的宝贵品质……要帮助幼儿逐步养成积极、主动等良好的学习品质。"由此可见，如何培养主动学习的幼儿已经成为当今学前教育领域关注的教育目标。

第一节 幼儿主动学习的基本概念

一、什么是主动学习

主动学习一词最早源于美国高宽（High scope）课程模式，美国的研究者玛丽·霍曼与戴维·P·韦卡特在高宽课程模式的早期代表作《活动中的幼儿》中指出："我们使用'主动学习'这一术语是指由学习者发起的学习，而不是由教师手把手教或传递而进行的学习。"1995 年，玛丽·霍曼与戴维·P·韦卡特在另一本书中强调，主动学习是学习者发起的，通过操作物体及与人、观念、情景相互作用，建构他们新的理解方式。

杜威认为学习是主动的，它包含着心理的积极开展，他提出成年人必须站在儿童的立场上，并且以儿童为出发点。皮亚杰则强调认知发展的主动性，强调活动、兴趣和需要对主动学习的重要性。皮亚杰还认为要让儿童主动自发地学习，就必须通过实际活动（主动动作）和接触具体事物进行学习。皮亚杰所说的主动过程有两个含义，一是儿童直接作用于他的环境，二是儿童在心理上是主动的。

我国的研究者倾向于使用"学习主动性"这一概念。目前可以查到的只有陈平等学者给出了学习主动性的明确定义，他们认为学习主动性是指对学习活动起着启动、增强、维持和调节作用的主体动力系统及其功能。陈平等学者针对小学生学习主动性的分析，认为学习主动性由学习需要、自信心和情绪情感三个要素组成。

综合以上国内外研究者对主动学习的概念界定，我们书中所指的主动学习是指幼儿在一日活动中，在教师多种教育方式和策略的引导下，产生学习兴趣，积极地投入活动，并在活动中与人、事、物发生互动联结，能独立思考和解决问题，自主建构新经验的学习过程。

二、主动学习的基本结构和表现

主动学习的基本结构包括操作物体、行动反思、内部动机和问题解决四个方面。

1. 操作物体：主动学习的发生依靠儿童对材料的直接操作，没有操作就没有主动学习。

2. 行动反思：只有操作活动是不够的，还要对周围的环境有所理解，因此，儿童必须一边操作一边思考。

3. 内部动机：学习的原动力来源于幼儿的内心，儿童的个人兴趣、好奇心和求知欲能够促使他们积极主动地参与学习。

4. 问题解决：儿童在直接操作物体及与他人互动的过程中总是会遇到各种各样的问题，这就需要儿童在他已经建立的理解与新经验之间取得调和，即问题解决。

由此可见，主动学习是发自儿童的兴趣和需要，通过儿童"动作"引发其"思维"真正参与，从而获取新经验的完整过程。从学习的心理准备来看，儿童需要具有浓厚的学习兴趣以及强烈的学习愿望和动机；从学习过程来看，儿童需要主动地参与学习过程，善于发现问题且能自主或寻求帮助解决问题；从学习素养来看，儿童需要拥有一定的经验及思维品质，掌握一定的学习方法和策略，且具有较好的学习态度等。因此，主动学习不仅包括儿童"愿学""乐学"的心态，而且涵盖其"善学""会学"的态度和能力，不仅是一种学习方式，而且是一种学习态度和精神，更是一种学习习惯和能力。

第二节　幼儿主动学习的价值

主动学习作为学前儿童学习品质的核心要素，对儿童终身学习与发展具有重要的奠基作用。对儿童主动学习的重视和研究，不仅是对儿童作为学习主体的尊重，也是对儿童学习方式的理解，主动学习的品质与儿童未来的认知发展、学业成就和社会交往能力等紧密相连。

一、尊重儿童的主动学习是保障儿童发展权的要求

《儿童权利公约》作为第一部有关保障儿童权利且具有法律约束力的国际性约定，引领我国幼儿教育事业不断发展，从实施至今，我国幼儿教育领域先后实施了《幼儿园工作规程》（以下简称《规程》）《纲要》《指南》等一系列文件。与此同时，以"幼儿为本"的教育理念正在成为所有幼儿教育工作者的共识，其中在《儿童权利公约》中提到一项儿童权利——发展权，因此，从某种意义上讲，注重幼儿的主动学习，就是在保障儿童的发展权。

二、主动学习是幼儿自身发展的需要

联合国教科文组织于 1986 年提出了教育的四大支柱，也可以说是教育的四大目标，即：学会求知（Learning to know），学会做事（Learning to do）；学会合作（Learning to cooperate），学会生存与发展（Learning to be）。而学会求知的一个很重要的外在表现就是儿童能否主动学习，维卡特等认为"儿童的知识来自他们与各种思想的互动，来自他们对物体和事件的直接经验，同时也来自他们把逻辑思维应用到这些经验的学习过程中。"这与皮亚杰等学者的观点类似，因此，注重幼儿的主动学习，是幼儿教育发展的需要。

三、尊重幼儿的主动学习是落实《指南》精神的体现

《指南》以为幼儿的后续学习和终身协调发展奠定良好素质基础为目标，而终身发展的基础条件就是学会学习，在幼儿期注重幼儿的主动学习就是让幼儿逐渐学会学习。进一步细致分析《指南》，其中二十四次提到"主动"，这必然要求我们积极学习《指南》精神，在实施幼儿教育时积极促进幼儿的主动学习，这也是为幼儿的终身学习和发展做准备。

四、主动学习是幼儿最有效的学习方式

皮亚杰在谈到教学时曾提到："所谓教学，即是引发起一种主动的再建构或再创造的过程，每当过早地呈现一个幼儿那种他能自己发现的东西时，就会抑制幼儿发现它的动机，也就抑制了幼儿对它的完全理解。"

主动学习者选择参与符合其当前兴趣，能让其体会到控制、成功和有能力的活动，这在最大程度上调动了幼儿的学习动机。在针对学习动机的研究中，奥苏贝尔认为只有注重培养儿童的内部动机，才能促进有意义的发现学习。有学者研究表明，如果为幼儿创设以游戏为中心的探索活动，允许幼儿根据自己的发展水平互动、选择并参与活动，那么，幼儿的入学准备将会做得更好。

五、主动学习是培养幼儿学习品质的主要途径

《指南》中首次提出要重视幼儿的学习品质，幼儿在活动过程中表现出的积极态度和良好行为倾向是终身学习与发展所必需的宝贵品质。要充分尊重和保护幼儿的好奇心和学习兴趣，帮助幼儿逐步养成积极主动、认真专注、不怕困难、敢于探究和尝试、乐于想象和创造等良好的学习品

质。忽视幼儿学习品质培养，单纯追求知识技能学习的做法是短视且有害的。幼儿通过参与游戏和问题解决的过程，充分体现了幼儿的主体性，同时培养了幼儿的学习品质。

高宽教育研究基金会主席拉里·施韦因哈特（Larry Schweinhart）博士，利用"学习之轮"形象地诠释了高宽课程模式的基本架构。其中，构成"学习之轮"的是处于轴心位置的主动学习理念，以及围绕轴心的四方面关键发展性指标——师幼互动、学习环境、一日生活流程和评估工具。

最后需要指出的是主动学习不仅是一个想法，更是一个系统。在幼儿教育领域，很多人都会提出更先进的教育理念，但很少有人会通过构建完整的教育系统让这些理念付诸实践。这就需要广大幼儿教育工作者共同努力，积极构建一个完整的系统，让系统内所有要素构成整体，一致支持幼儿的主动学习。

第三节　幼儿主动学习发生的条件

在学前教育领域，关于幼儿主动学习发生的条件也有专家从不同角度进行研究和探讨，并且提出了自己的观点，具有代表性的观点有以下三种。一是玛丽·霍曼与戴维·P·韦卡特于 1995 年提出的，他们认为促进幼儿主动学习的条件有五个方面：①有丰富的、适宜的材料，可供儿童用各种方法游戏；②儿童有机会对自己选择的材料进行探索、操作、连接、转换；③儿童有依据自己的兴趣和目标进行自主选择活动和材料的机会；④儿童用语言描述自己的活动，并寻求与别人在活动中的合作；⑤成年人的支持，即成年人支持幼儿当前的思维水平并挑战他们，使其进入新的发展阶段。二是我国学者北京师范大学刘焱教授认为幼儿主动学习的条件体现在以下五个方面：①安全的环境：安全的物质环境与心理氛围支持和鼓励幼儿大胆探索、想象和创造；②丰富的材料环境：提供丰富的刺激和挑战，幼儿能够根据自己的兴趣和需要自主选择可激发内部动机；③对行动的反思：经验的整合建构——动手动脑才是真正的学习；④与材料的直接相互作用：操作、探索、象征、试误、重复等多样化的方式方法是幼儿学习的特点；⑤与伙伴、成年人的社会性互动。三是也有学者认为主动学习的因素包括操作物体、行动反思、内部动机和问题解决四个方面。

综合以上观点可见，儿童主动学习的条件涉及了内、外两方面，内在条件主要是儿童的已有经验、兴趣、需要、求知欲、好奇心等，外在因素很多，如环境、材料、教学内容与时间、成人的支持与交流等。内部因素和外部因素缺一不可，相互作用。教师在尊重儿童的内在因素的基础上，应极力优化外部因素，才能使儿童的学习成为真正的主动学习。

在幼儿园教育环境下，促进幼儿主动学习发生的条件应包括哪些？幼儿的具体形象思维，其学习方式不同于中小学生，他们是通过直接感知、实际操作和亲身体验的方式进行学习的，且学习发生在一日生活之中，而不仅仅是课堂之中。因此，幼儿主动学习的条件应包括以下几个方面：

一、幼儿的兴趣和需要

幼儿对周围世界具有与生俱来的好奇和兴趣，兴趣对促进幼儿的注意、探索和坚持等行为的发展具有非常重要的意义。兴趣和需要是幼儿主动学习的出发点，影响着幼儿学习的过程和结果。心理学家皮亚杰认为"智力活动必须由一种情感性质的力量激发，一个人从来不想学习自己不感兴趣的东西，要调动学生学习的主动性，就要引起学习动机。"他指出："强迫工作是违反心理学原则的，而且一切有成效的活动必须以某种兴趣为先决条件，兴趣实际上不过是同化作用的动力方面。"他还认为"我们必须承认有一个心理发展过程的存在，一切理智的原料并不是所有年龄阶段的儿童都能吸收的，我们应该考虑到每个年龄阶段的特殊兴趣和需要。"玛丽·霍曼与戴维·P·韦卡特认为"儿童的活动产生于个人的兴趣与意向，这使得他们能专注于自己的活动和思维，他们能发现许多可做的事情。"可见，幼儿的兴趣和需要是引发幼儿主动学习的内部动机，能调动幼儿积极的心理因素参与其中，促使幼儿积极主动、热情投入地坚持完成学习活动。

二、基于原有经验

幼儿的经验是幼儿进行新的学习活动的基础，幼儿的学习是调动与幼儿已有经验与新经验相互作用、冲突与协调的过程。我们在实践中不难发现，基于幼儿已有经验的学习活动能够有效调动幼儿的有意注意力和积极性，促使幼儿主动学习；脱离幼儿已有经验的活动，幼儿通常会出现由于不能够理解新内容而出现注意力不集中、畏难情绪和更换活动材料等现象，不能达到学习目标。

基于幼儿已有经验的学习能够引发幼儿认知冲突，促进幼儿在与新材料、新内容的互动过程中积极解决问题和获得发展。皮亚杰主张，认知组织里建立起来的内在动机是首要的，奖励惩罚之类的外来强化并不起主要作用。他认为引起儿童认知上的冲突，引起最佳或最大限度的不平衡就能激发儿童的求知欲和好奇心。他还提出了"适度新颖原则"，他认为给儿童的学习材料必须和儿童的已有经验有一定的联系，同时又要足够新颖，这样才能产生认知上的不协调和冲突，引起儿童的兴趣，促进学习。

三、宽松的教育环境

幼儿是学习的主体，创设轻松、愉悦的环境是促进幼儿自主性发展的基础。这里的环境除了物质环境以外，更重要的是指精神环境，它直接影响着幼儿自主性的发展。而精神环境与教师作风有极其密切的关系。实验表明，完全决定一切并严格控制幼儿行为、监督幼儿活动的专制作风型教师必然造成课堂气氛沉闷，幼儿严肃呆板、谨小慎微、依赖性强；而尊重幼儿人格，和幼儿互商互助、协调行动的民主作风型教师则能够创设一种轻松、愉快的气氛，从而激发幼儿的兴趣和创造力。

蒙台梭利曾说过："在教育上，环境所扮演的角色相当重要，因为孩子从环境中吸取所有的东西，并将其融入自己的生命之中。"教师应努力创设能够激励幼儿主动投入、积极学习的教育环境，把教育的意图或目标藏在环境之中，让幼儿通过对环境的模仿、体验、探究，自然而然地耳濡目染、潜移默化。

四、丰富的活动材料

皮亚杰提出，"要让儿童主动、自发地学习，就必须通过实际活动（主动动作）和接触具体事物进行学习。"幼儿不是通过书本或记忆大量抽象符号来学习的，而是在与材料互动过程中通过实际操作和亲身体验去模仿、感知和探究，在做中学、玩中学，不断积累经验，逐步建构自己的理解和认识。因此，材料对于幼儿的学习与发展有着不可或缺的重要价值。在此，我们认为材料应是被用于幼儿活动的一切物品，包括专门为幼儿游戏或教学提供的玩教具以及生活中的日常用品和自然材料。

在幼儿园中，为幼儿提供的材料应考虑：①为幼儿提供数量充足、种类丰富、指向不同发展方面的材料，能够吸引幼儿选择。给予幼儿选择的权利，才能调动幼儿的内部动机，支持幼儿按照自身意愿进行学习。②材料具有可操作性、游戏性和发展性，具有这三个特性的材料才能引发和支持幼儿进行主动学习。游戏性体现在材料能够引发幼儿兴趣，使幼儿乐意与材料互动，即爱玩、玩得愉悦；可操作性保障了幼儿与材料的充分互动，而发展性体现在幼儿在与材料的互动中能够获得新经验，体验成就感。③重视不同结构化的材料对于幼儿学习和发展的价值。在幼儿园的活动室中通常会有三种不同结构化程度的材料，分别是非结构化材料、低结构化材料和高结构化材料，这三类材料无是非好坏，只是特点和功能不同，其不同特点、功能对于幼儿的学习和发展有着不同价值。

五、必要的人际互动

研究发现，相对儿童的独立探究，在儿童学习过程中与同伴、成人的互动更能激发儿童的认知冲突，能加深儿童学习的深度和拓展儿童学习的广度，使儿童的学习更富有挑战性。因此，在幼儿园情境下，要重视幼儿与同伴间、教师与幼儿之间这两种重要的人际互动对于幼儿主动学习的价值。尤其在师幼互动方面，杜威、皮亚杰、韦卡特等人都从不同角度对教师在儿童主动学习中的任务、作用进行了论述。杜威认为"教师的首要任务是为儿童提供一个实际的经验情境，使之引起他们的探究兴趣，教师应该给儿童提供生长的适当机会和条件；教师在提供实际的经验情境和选择适宜生长的教材同时，还必须了解儿童的兴趣和能力，注意儿童哪些冲动在向前发展。"皮亚杰认为"教师只是儿童学习的促进者，要尊重儿童的学习愿望，不能把意愿强加给学生，教师的作用是间接的，教师不是直接把某种现成的知识转交给儿童，而是介绍问题和对策，让儿童自己主动地自发学习"。玛丽·霍曼与戴维·P·韦卡特认为"教师是儿童发展的支持者，他们不是直接告诉儿童学什么和怎么学，而是通过布置有利于主动学习的环境和日常生活，确立有利于积极交往的氛围，鼓励儿童按照自己的意愿去活动、解决问题、观察和反思，来支持儿童的学习。"从上可见，他们都强调儿童自身的兴趣和需要是关键，教师的作用主要体现在为儿童创设学习环境、支持引导儿童的主动学习，反对直接教授和灌输。

六、适宜的学习方式

《指南》的"说明"中指出："幼儿的学习是以直接经验为基础，在游戏和日常生活中进行的。要珍视游戏和生活的独特价值，创设丰富的教育环境，合理安排幼儿的一日生活，最大限度地满足幼儿通过直接感知、实际操作和亲身体验获取经验的需要。"这明确说明了幼儿学习的方式、特点和途径，为我们开展关于幼儿主动学习的实践研究指明了方向。适宜的学习方式是促进幼儿主动学习的重要条件，幼儿感兴趣的、适宜的学习方式能够引发幼儿主动学习和促使幼儿坚持完成学习过程。适宜于幼儿的学习方式应是符合其身心发展规律及年龄特征、认知特征和所持经验的特征，具有不同于中小学上课、做作业的方式，具有自身的独特特征：①一日生活即教育。教师要重视一日生活中各环节的教育价值，积极利用一日生活中的各个教育机会，给予幼儿自主学习的空间和时间。②关注幼儿的年龄特点。教师要关注幼儿阶段的思维特征，以游戏为基本方式，采取感知、操作、游戏、体验、讨论等方式支持幼儿学习，但同时各年龄阶段又有不同的发展特征，教师要能关注到托小中大班级不同年龄段孩子的特征。③注重活动的整合。幼儿的学习具有整体性、综合性，教师要注意避免领域独立和片面单一，倡导活动整合，支持幼儿全面发展。④强调资源的充分利用。幼儿的学习不仅仅发生在幼儿园，还发生在家庭、社区和其他社会场所，因此，鼓励教师有效利用各类资源支持幼儿不断发现、探究、思考和建构感兴趣的经验，养成主动学习的良好习惯。

幼儿主动学习是一个逐步建构的过程，是动手动脑的过程，教师要关注以上六个条件，激发幼儿主动学习的愿望，支持幼儿在学习过程中主动操作、探究发现、解决问题，积极交流与思考，获得新经验，养成主动学习的良好学习品质，使其终身受益。

第四节　促进幼儿主动学习的方法和策略

《纲要》明确提出："幼儿园的教育活动，是教师以多种形式有目的、有计划地引导幼儿主动活动的教育过程。"因此，教师要在教育活动中为幼儿提供自由活动的时间和空间，把教育从幼儿被动机械地学习转变为主动积极地学习，充分发挥幼儿学习的主动性、积极性、创造性，着重培养幼儿动脑、动手、动口的能力，使幼儿获得全面、和谐地发展。从"教"转向"学"是当前幼儿园课程改革的新动向。因此，如何引导幼儿主动学习是我们需要思考的主要问题，本节主要结合相关理论探索和幼儿园教育教学实践，就如何促进幼儿主动学习的方法和策略做以下几点探讨。

一、尊重幼儿，促进幼儿主动学习

（一）尊重幼儿的基本要素。

1. 尊重幼儿的兴趣和好奇心。

"兴趣是最好的老师"，兴趣是幼儿不断探究"未知"世界的动力，是开展各项活动的前提和保障。只有对知识产生了浓厚的兴趣，才能使幼儿自主学习、积极参与。《纲要》中科学领域的目标是要儿童对周围的事物感兴趣，激发其好奇心和求知欲。在幼儿一日活动中，教师要善于通过观察、谈话、参与游戏等方式发现幼儿的兴趣，创设幼儿感兴趣的教育环境，生成相关的教育活动。

如主题活动"乐在'棋'中"就是源自于班级新设置的棋类区及游戏中出现的问题生成的活动。教师观察到棋类引发了幼儿的关注与兴趣，同时也发现了一些问题：有些小朋友不会玩棋，有玩棋经验的小朋友不知道该怎么教给想学的同伴，想要学棋的小朋友又不知道在玩的过程中应该遵守哪些基本规则。从幼儿对棋类的兴趣以及孩子们想玩儿却不太会玩儿的矛盾中，教师看到了棋类活动所蕴含的教育契机与价值，由此引发了主题活动。这个主题活动从内容的选择到一个个活动的开展，都顺应了孩子的兴趣和需求。

2. 尊重幼儿的年龄特点。

不同年龄班幼儿因其心理和生理发展的不断变化，在情绪、认知、社会交往、语言表达等能力发展方面都呈现出各自的年龄特点。教师应了解并遵循幼儿的年龄特点，创设和组织适宜的教育活动，在一日生活中充分理解和接纳小、中、大班幼儿的不同行为表现。

例如，小班幼儿直觉行动思维占主导，喜欢游戏、爱模仿，游戏的贯穿更能调动他们的兴趣，并达到良好的效果。因此在主题活动"快乐的小手"中，教师在教学、区域、生活中都以游戏的形式来开展，洗手有儿歌游戏，穿衣有相适应的音乐游戏，创设的游戏情境有"帮鸡妈妈装大米"操作活动等，这些游戏都起到了固化幼儿生活习惯、增强动手能力的作用。此外，教师深入分析了小班初期幼儿的特点，如接纳能力、自我服务意识、自理能力较弱，对成年人非常依赖，做任何事情都习惯被动等待，不愿意动手尝试等，并在观察分析小班幼儿身心发展特点、学习特点和兴趣需求的基础上，开展了主题活动"快乐的小手"。

3. 尊重幼儿的学习方式。

《指南》中明确提出，"幼儿的学习是以直接经验为基础，在游戏和日常生活中进行的。要珍视游戏和生活的独特价值，创设丰富的教育环境，合理安排一日生活，最大限度地支持和满足幼儿通过直接感知、实际操作和亲身体验获取经验的需要……"因此，教师在组织一日生活、实施教育活动中注重观察幼儿发展需要，充分为幼儿提供可感知、操作、体验的活动内容，让幼儿在自主探究、主动学习的过程中建构新经验。

例如，在主题活动"乐在'棋'中"中，"学棋"不是老师教、幼儿学，而是幼儿教、同伴学。不仅自己可以设计棋，还可以分组来设计。当看到幼儿根据自己的意愿，三五成群地围在一起，你教我学、共同协商、合作设计游戏棋时，幼儿与同伴之间的合作和互动机会大大增加，合作、表达、协商等能力都能得到提升。在活动中教师始终把握好一点——就是和幼儿一同想办法解决问题，使主题活动在不断发现问题—解决问题—发现新问题—解决新问题的过程中循序渐进。在整个过程中幼儿都表现出强烈的探究欲望与实践精神，不断尝试下棋、学棋、玩棋、教棋，主动向老师求教、向同伴学习、向家长学习，幼儿的自主学习意识与能力都得到有效的提升。

4. 尊重幼儿的学习和发展需要。

马斯洛的需要层次理论告诉我们需要满足的程度与心理健康的程度有确定的关系，任何真正需要的满足都有助于个人的改进、巩固和健康发展。因此，教师要关注幼儿在生活中、学习中、发展中的需要，在创设宽松、平等的班级氛围基础上善于观察分析幼儿的发展需要，并通过创设各种环境材料、设计多种活动来满足幼儿的学习需要，促进幼儿在活动中的主动性。

例如，在主题活动"哇！蜘蛛·网"中，教师敏锐地观察到孩子们对蜘蛛的兴趣，因此，收集了各种各样的蜘蛛图片供孩子们观察。通过观察，比较蜘蛛的生活习性、外在特征，更多地了解了蜘蛛。又如，在主题活动"美丽的北京我的家"中，教师结合《指南》中大班幼儿发展目标提到的"应运用幼儿喜闻乐见的形式激发他们爱家乡、爱祖国的情感"，为了满足幼儿交流及进一步学习的需求，生成了这个活动。以上两个案例都是尊重了幼儿学习与发展的需要来设计和组织的。

5. 尊重幼儿的已有经验。

教师在设计任何一个教学活动之前，都应以幼儿的已有经验为基础。可以从认识经验、能力水平、生活经验、年龄特点等多个角度进行，准确判断出幼儿的"最近发展区"，以此为依据设计和选择难度适宜的内容，提供有效的支架，引导幼儿主动探索、主动学习。

在设计教育活动时，根据幼儿已有经验教师可投放与主题活动相关的区域材料，在图书区投放与主题活动中认知经验相关的绘本、书籍，在日常生活中观察了解幼儿的能力水平、诊断幼儿的问题等。

6. 尊重幼儿的想法和选择。

每个孩子都有自己感兴趣的事物，在组织活动中教师应善于倾听孩子对某事的看法，发掘他们的兴趣点，并沿着孩子的兴趣点出发去引导他们进行更深一步的探究。同时，教师要在与幼儿共同探究、共同学习的过程中关注幼儿的想法和选择，支持幼儿在活动中表达自己的看法，做活动的小主人。

例如，在主题活动"美丽的北京我的家"中，教师支持孩子们通过投票选出了他们喜欢的五个地方，游乐园、香山、奥林匹克森林公园、圆明园皇家皮影剧院、老北京胡同四合院等作为出游的备选地，接着又支持孩子们确定最终秋游地的方法，即通过制作宣传海报、搭建景点和介绍景点进行竞选，最后选出共同出游的地方。

又如，在主题活动"乐在'棋'中"中，教师不断丰富与主题相关的区域材料，给予幼儿更多的选择空间，并考虑到幼儿对游戏棋的兴趣特别高，就将幼儿收集到的游戏棋放在专门设立的一个独立区域中，供幼儿在区域活动时自主选择、自主游戏。

（二）尊重幼儿的教育行为。

在幼儿一日生活中，教师不但要了解尊重幼儿的基本要素，建立尊重幼儿的教育观念，同时还要从自己的教育行为上下工夫，把尊重幼儿的教育观念有效地以正确的教育行为表现出来。

1. 与幼儿建立亲密的关系。

教师要善于营造一个宽松、亲切、信任、愉悦的班级氛围，让幼儿喜欢老师、喜欢同伴，建立幼儿对幼儿园生活的归属感，让幼儿愿意在活动中自然、自主地表现自己，轻松地与同伴交流，乐意与教师亲近。

（1）了解幼儿及其家庭。

尊重幼儿的前提是充分了解每一名幼儿。教师可以通过家访、幼儿入园信息表、家长交流谈话、观察家长的教育方式等途径了解幼儿及幼儿的家庭教育情况，从而分析幼儿的特点、性格、爱好、兴趣等。

（2）温暖和关怀。

教师在与幼儿沟通的过程中要亲切、自然，善于用微笑、关爱的眼神、赞许的目光、抚摸拥抱等鼓励动作表达出对幼儿的关心和爱护，从而与幼儿建立亲密的关系，这有助于幼儿在班级中大胆、真实地表现自己，主动参与到各项活动中，敢于应对挑战和问题。

（3）参与到幼儿的活动中。

教师要在一日生活的各个环节都做幼儿的支持者、合作者、引导者，主动参与幼儿的各项游戏活动，与幼儿玩在一起、乐在一起，而不是幼儿生活游戏的监督者和检查者。这样才能了解幼儿的真实想法，看到幼儿面临的问题和困难，分析幼儿的发展需要，有针对性地实施教育。如：很多教师通过与幼儿共同讨论、支持幼儿小组合作完成计划、鼓励幼儿集体分享经验等多种活动形式，为幼儿提供表达意愿、交流想法的时间和空间，在活动中对每一位幼儿的变化给予及时肯定，对幼儿提出的每一个想法给予及时回应，促使幼儿自信心不断增强，变得爱说、敢说、爱表现。

2. 让幼儿获得认可和尊重。

在幼儿的一日生活中，教师作为引导者，要让幼儿切身感受到自己被同伴尊重和认可、被老师信任和赞赏，从而建立幼儿自主学习的自信心和主动性。

（1）为幼儿示范尊重性语言。

在生活中，教师要善于发现幼儿的闪光点，及时进行鼓励，因为对于幼儿来说一个小小的进步被肯定都是非常重要的。因此，教师要经常对幼儿的表现进行积极的、正面的评价，这样会营造一个良好的互相学习、互相欣赏的班级氛围，教师的言行也将成为幼儿模仿的对象，让幼儿在潜移默化中学会欣赏、尊重他人。在这样的氛围中，幼儿才会敢于大胆尝试、主动探究，不怕做错事被老师指责、不怕做不好被同伴笑话。

（2）识别每位幼儿的兴趣和天赋。

教师要有赏识每一个孩子的能力，赏识不仅是停留在表面的一句"你真棒！""太好了！"，而是真正发现幼儿与其他孩子不同的特点、兴趣、天赋、爱好等，是建立在对每一个孩子原有经验、原有水平了解的基础上，看到孩子的变化和进步，有具体指向的赞赏和表扬，这样的赏识对幼儿的发展是最有效的。

（3）支持幼儿自己做决定。

当幼儿能够管理自己的生活、决策自己的行为时，幼儿的主动性才会最大程度地被激发出来。因此，教师要结合幼儿的年龄特点和能力水平，充分在生活、游戏中为幼儿提供可以做决定的机会，支持幼儿的想法，提供相应的物质条件鼓励幼儿去尝试。在创建活动区时教师听取幼儿的想法，建立幼儿感兴趣的活动区，引导他们用自己的方法去解决发现的问题；在生活中鼓励幼儿自己的事情自己做等。例如，在主题活动"我的生活我做主"中，幼儿可以在区域游戏时自主选择适合的时间去吃水果，还可以结合自己牙齿的情况将水果自行切成小块等，这一做法为幼儿生活自主提供了锻炼的机会。

（4）制定一些共同的规则。

幼儿的一日生活中规则性的要求很多，大部分都是教师提出、幼儿遵守，这些生活上的常规是保证幼儿健康安全的基本要求，是必要的。在游戏中的很多规则是可以协商制定的，这就给幼儿的主动参与提供了机会。教师应鼓励中大班幼儿参与制定班级中的一些规则，如排队的规则、选择游戏的规则、游戏中要遵守的规则等。这样让幼儿主动参与、共同讨论规则的内容，幼儿成为规则的制定者和执行者，成为为自己行为负责的小主人。

二、创设良好的环境，促进幼儿主动学习

《纲要》指出，环境是重要的教育资源，对幼儿的身心健康发展有着至关重要的现实意义。幼儿的发展是在与周围环境的相互作用中实现的，和谐的精神环境有利于幼儿从心理上建立安全感，产生愉快的心理感受，这有利于调动幼儿活动的积极性，有利于促进幼儿身心健康发展，还有助于发掘幼儿的内在潜能。

（一）营造宽松愉快的精神环境。

教师要创设与教育相适应的良好环境。精神环境宽松、愉快，物质环境丰富、适宜，并为幼儿提供活动的条件和表现的机会，使他们在与环境相互作用中愉快、主动、身心和谐地发展。

（二）提供丰富、多元、有趣、适宜的材料，促进幼儿主动学习。

提供各种类型的游戏材料，能够吸引孩子，激发孩子参与活动的兴趣，增强其主动性。基于幼儿学习特点的游戏环境创设为幼儿在游戏中学习和发展提供了可能。在生活活动"我的游戏我做主"中，幼儿园因地因时制宜，充分利用教学楼的公共走廊开设了十七个游戏区域，提供的丰富游戏材料打破了年龄与班级界限，给予幼儿充分感知与操作、体验与探究、想象与创造、表达与表现、交往与交流的空间，符合幼儿直接感知、实际操作、亲身体验的学习特点，为幼儿在游戏中学习和发展提供了机会。在区域游戏"自主游戏快乐发展"中，教师在美工区结合班级近期目标和主题活动目标，提供了各种材质的纸张、装饰品和工具材料（供幼儿制作昆虫），引导幼儿通过直接感知和实际操作发现材料和材料之间的联系，并探索适宜的工具。丰富、适宜、富有挑战性的游戏材料供幼儿反复实践操作，幼儿经过一次次试误和不断思考，最终获得成功。

（三）根据幼儿的兴趣和需要创设自主学习的环境。

在大班主题活动"乐在'棋'中"中，教师发现幼儿对合作类的游戏棋特别感兴趣，于是从幼儿熟悉的游戏棋切入，发动他们收集各类自己玩过的或玩得比较好的游戏棋，并在班级设置棋类区，激发幼儿分享与主动学习的愿望。在主题活动"哇！蜘蛛·网"中，教师发现幼儿对蜘蛛的浓厚兴趣，在班级创设了蜘蛛饲养区，支持和鼓励孩子们积极探索，共同关注蜘蛛的外部特征和生活习性，并提出许多值得继续探究的问题。在大班主题活动"美丽的北京我的家"中，孩子们将在"十一"

假期收集的礼物带到班级和小朋友分享，有有趣的皮影、美丽的香山红叶、老北京泥人、陀螺等。教师根据幼儿的兴趣在走廊里开办了老北京玩具展、有趣的民间游戏，师幼共同探讨各种传统游戏的玩法，体验老北京游戏带来的乐趣。

在生活中，根据幼儿发展需求建构自我服务的环境。在小班主题活动"快乐的小手"中，老师为幼儿准备了适宜取放的水壶，鼓励幼儿自己倒水、倒奶，为幼儿自己动手提供机会；在中班主题活动"哇！蜘蛛·网"中，创设专门的个别幼儿饮水区。值日生在这里提醒带粉笑脸的小朋友（在每天的晨检活动，医生都会用粉笑脸来提示班级老师需要特别关注的孩子）多喝水，孩子们也会把接满水的水杯给老师并提醒老师多喝水，这个温馨的区域唤起了孩子之间、师生之间的关爱。在大班主题活动"我的生活我做主"中，教师创设自助加餐区，值日生在这里提醒幼儿进行加餐。在生活中，教师尽可能地为幼儿独立做事、服务自己、服务同伴、尝试解决问题等各种生活能力的培养提供支持。在各种活动中，教师为幼儿创设了多种自理、自主的发展机会，这样的教育行为体现出园所、教师在践行《指南》中"幼儿为本"的教育理念，努力做到让每一位幼儿过"有意义的生活"，让他们未来的人生充实而精彩。

（四）开放的环境为幼儿自主活动提供条件。

在主题活动开展过程中，开放的环境为幼儿自由发挥、自主表现提供了充分的支持。在主题活动"美丽的北京我的家"中，五个小组的幼儿分别运用区域中的游戏材料搭建景点，用自然角的植物搭建奥林匹克森林公园，用益智区和美工区的材料搭建游乐园，用建构区的材料搭建四合院，幼儿的想象力和创造力不断被激发。在主题活动"童话剧要开演啦"中，孩子们共同讨论和投票选出了即将表演的故事《小熊请客》，为了更好地演出，孩子们分成了"宣传""服务""表演""服装道具"四个组，老师与幼儿一起搜集与主题相关的材料并投放在相关区域，支持幼儿在游戏时自主选择和操作。

三、人际互动是促进幼儿主动学习的必要条件

（一）教师应为幼儿的人际互动营造温馨、安全的心理氛围。

温暖、宽松、开放包容的环境是幼儿在园一日生活中愉快活动、主动学习的前提和保障。教师应为幼儿营造一个安全的心理氛围，让幼儿获得情感的满足，萌发学习的热情。当幼儿表现出主动探究和认识周围世界的动机和愿望时，教师应给予关注和鼓励，以保护幼儿这份难得的"好奇心"，不能因为幼儿看似荒诞的问题而忽视或制止幼儿的探究行为。

主题活动"哇！蜘蛛·网"来源于幼儿在幼儿园散步时的观察和发现。蜘蛛这个在成年人眼中常见但并不可爱的小动物引起了幼儿的关注和强烈的探究兴趣，围绕蜘蛛及蜘蛛网幼儿提出了很多问题：蜘蛛为什么不会放风筝只会结网呢？蜘蛛是怎么吐出丝的？蜘蛛网为什么会粘住其他小动物？刮风时蜘蛛网会不会破呢？……教师真诚地肯定了幼儿的这些奇思妙想，并鼓励和支持他们进一步深入探究。幼儿通过观察蜘蛛、饲养蜘蛛、收集资料了解了蜘蛛的外部特征和生活习性，体会到了蜘蛛勤劳、认真、坚持的优秀品质。

幼儿的观点和兴趣往往和成年人不同，教师尊重幼儿的想法、支持他们的观点会使他们拥有安全感，这是幼儿真实、客观、主动表达自己的发现与感受的重要保证。以尊重保护独特、以真诚激发主动、以支持赢得收获，让我们为幼儿的主动学习铸造第一道屏障。

（二）教师应尊重幼儿的兴趣需要，为其设计能全身心投入的活动。

兴趣是最好的老师，是人们主动学习的内在动力。幼儿的年龄特点决定了他们会按照自己的兴趣、自己的原有经验和思维水平学什么以及怎么学，一切强制性的学习是收不到良好效果的。因此，教师要做的就是深入到孩子中间，发现他们的兴趣和需求，并站在教育的角度上去分析、判断其蕴含的教育价值及可开发的教育增长点。教师应利用真实的问题情景为幼儿设计出

值得全身心投入的活动，既能满足幼儿的现实需要，又利于其长远发展。

如在主题活动"乐在'棋'中"，教师从大班幼儿感兴趣的棋类游戏入手，循序渐进地开展了"教棋""学棋""玩棋""设计棋"等活动。在活动中，教师并不仅仅关注幼儿棋艺的提升，更多关注的是幼儿在棋类活动中多元能力的发展。在持续两个月的主题活动中，幼儿始终保持着高度的热情，在游戏中幼儿成了小老师、小学员、小设计师，体验着教棋、学棋、设计棋、玩棋的乐趣。孩子们在自主、自由、开放的学习空间里，新旧经验得以融合，他们学会了合作、学会了交往、学会了自我调控情绪、学会了正确看待输赢。在丰富多彩、趣味十足的棋类活动中，幼儿主动学习、自主探究、分工合作、积极专注的学习品质得到了发展。

作为教师我们要明白，如果在学习活动中任务超出或低于幼儿现有的能力水平太多，就会破坏幼儿对自身学习能力的自信心。如何支持幼儿成为有能力的学习者，教师对幼儿的观察、了解、分析、诊断就显得尤为重要。以观察了解支撑教学设计、以兴趣需要唤起学习动机、以适度挑战激发持续探究，让我们促进幼儿成为一名有能力的主动学习者。

（三）教师应相信幼儿，给予幼儿更多主动学习和自主发展的空间。

教师应相信幼儿是有能力的主动学习者，要为幼儿提供发展的空间以支持幼儿有目的的活动。教师应鼓励幼儿在与环境互动、与情景对话时积极表达自己的想法。当幼儿在活动中遇到困难时，教师要给予幼儿足够的时间让他们自己去发现、分析和解决问题，而非包办代替。活动结束时，教师应引导幼儿用多种方式分享自己的活动经历与成果，帮助他们梳理活动经验。

如在主题活动"我的游戏我做主"中，教师为幼儿设计了"计划—实施—回顾"游戏流程，让幼儿实现了从"自由学习"向"自主学习"的转变，提高了幼儿的游戏水平和学习的主动性。教师能够基于幼儿的年龄特点研究幼儿的游戏表现，支持不同年龄班幼儿采取不同的计划与回顾形式，以增强"计划—实施—回顾"流程的实效性，真正实现幼儿的主动学习。

又如在主题活动"童话剧要开演啦"中，教师给予幼儿充分的时间和空间去自主计划、分工合作、发现问题、解决问题。在制作演出道具"大树"时，困惑幼儿的问题是"怎样才能让大树站起来"，孩子们纷纷发表自己的看法，并分头寻找自己所设想的材料进行实验，找到最合适的方法。在活动中，幼儿积极主动、自主自信、勇于尝试，其语言表达与表现能力、计划与合作能力、解决问题能力、艺术创作等多方面能力都得到了发展。

教师的"放手"并不等同于"放任"。一方面教师应鼓励并耐心地引导幼儿去发现问题并尝试找出解决办法；另一方面如果幼儿在几次失败的尝试后表现出消极情绪，教师要能敏锐地觉察并及时给予帮助。但即使在介入时，教师也要给幼儿提供选择或自主探索的空间，以强化他们"独立解决问题"的自我形象。以信任为前提、以观察做保障、以空间促发展，让幼儿成为自己活动的真正主人。

（四）教师可以通过合理质疑，推动幼儿的深度学习。

为了了解、唤起、激发、推动幼儿的思维发展，教师可以向他们提出一些合理的问题。如在主题活动"乐在'棋'中"中，教师根据幼儿的需要及在遇到困难时提出了一系列问题："你喜欢哪些棋？""如何向同伴介绍自己喜欢的棋？""喜欢但不会玩怎么办？""如何教小朋友下棋？""如何向别人学棋？""如何设计一种自己想玩的棋？"这些问题的提出及解决有效地推动活动向纵深开展，教师以质疑的方式帮助幼儿实现了深度学习。相反，如果教师提出的问题只需要儿童机械地回答"是"或"不是"，那将阻碍他们的深度学习，并且还有可能使得他们因为无聊、厌烦或沮丧而远离学习。以质疑激发思考、以问题引导活动，让我们帮助幼儿在活动中实现深度学习。

（五）教师应支持幼儿合作学习，实现同伴间的互动与交流。

合作学习是促进幼儿主动学习的有效方式。幼儿在与同伴的互动中获取信息和快乐，增强自我认同感。教师不仅要让幼儿理解合作的含义，还要让幼儿在真实的情景中体验通过合作共同完成任务而带来的乐趣。

如在主题活动"美丽的北京我的家"中，幼儿通过几次投票选举确立了五个他们最喜欢的地方：游乐园、香山、奥林匹克森林公园、圆明园皇家皮影剧院、老北京胡同四合院，并且他们决定通过制作宣传海报、搭建景点和介绍景点等活动进行比赛竞选，最终选出共同出游的地方。幼儿根据自己的兴趣选出五个景点中的一个，以小组合作的方式制作宣传海报、搭建景点，在一次次的制作、搭建过程中孩子们不断挑战自己，与同伴合作共同克服困难，不断地发现问题并积极地解决问题。又如在主题活动"童话剧要开演啦"中，孩子们有大量的活动是以小组合作的形式开展的，幼儿与同伴针对本组要完成的工作来制订计划、进行分工。在活动过程中幼儿体验到只有分工明确、协作互助，才能又快又好地完成计划实现目标。同时幼儿也从中学习到一些分工的方法和合作的策略，如在制作演出票时，有的负责书写座位号码，有的负责装饰票面等。在一项项任务完成的过程中，孩子们协商、合作、交往、解决问题的能力不断增强。

教师帮助幼儿建立同伴关系的基本方法，就是自己与幼儿建立真正的、支持性的互惠关系。通过善待、尊重儿童，积极地投入到与幼儿的平等对话中，为幼儿与他人如何互动起到示范作用。教师还应鼓励幼儿善于倾听他人的观点，学会向同伴寻求帮助，以合作的方式解决问题。当然教师还应引导幼儿学会感激同伴的协作，互帮互助、合作共赢。以平等构筑合作，以协作促进交流，以感恩回馈同伴，让我们支持幼儿在合作学习中获得成长的自信。

（六）教师积极地反馈，能激发幼儿参与活动的积极性和主动性。

在活动中，教师应给予每一位幼儿支持性、激励性的评价，这种反馈与那种仅仅表明"对"或"错"的表扬或批评不同，它更关注的是幼儿学习的过程，而不是判断结果的好坏。积极的反馈包括教师会向幼儿提供信息、做出评论，向幼儿提问，发现幼儿思维中的矛盾，提出"如果……怎么样"等。教师应学会挖掘每一位幼儿活动的独特价值，使每一位幼儿在每一次活动中都有所发现，都能有成功的体验。

如在主题活动"我们来演西游记"中,面对幼儿尝试的一次次失败,教师没有急于做出对与错、好与坏的判断,而是真诚地接纳、认可他们的意见,鼓励幼儿按自己的想法进行活动,在尝试中不断地调整自己的想法和做法,最终成功地解决了"如何制作表演服装、道具及背景?""如何甄选演员?""如何排练?""后台设置在什么地方合适?""如何介绍宣传自己的剧目?"等一系列问题。幼儿不仅创作出精彩的演出,更体验了发现的乐趣、获得了成功感。

教师应适时地进行积极反馈,激发幼儿参与活动的积极性和主动性,同时培养他们敢于尝试、乐于探究、能从不同角度看问题的态度和品质。以激励性评价激发幼儿的活动动机,以支持性反馈帮助幼儿问题解决,以宽容和接纳陪伴幼儿快乐成长,让我们促进幼儿成为积极乐观、大胆自信、从容悠然的主动学习者。在他们的学习中虽有荒诞但没有对错、虽有反复但没有灰心、虽有失败但没有失意,这是我们共同的愿望,也是我们努力的方向。

四、有效整合资源可以促进幼儿主动学习

(一)家庭资源的有效开发与利用。

幼儿的家庭中蕴涵着极其丰富的教育资源,不同学历、不同职业,不同的经济、文化背景的家长能够提供不同的资源和指导。幼儿园以丰富多彩的活动引领让家长乐于参加、主动参与到其中,使幼儿家庭资源在幼儿园活动中得到充分利用。

1. 组织多种形式的家园互动活动。

开展主题活动前,教师分析班级幼儿近期关注的有价值的热点问题,指导家长运用启发性的语言或动作,引导孩子主动思考问题、解决问题、获得自信和快乐。在活动开展中,通过家长与孩子之间、老师与家长之间、家长与家长之间、孩子与孩子之间的互动交流,提高了家长实施教育的能力,进一步帮助家长逐步树立"以幼儿发展为本"的教育理念,同时又增进了亲子情感。

2. 家长参与教育教学活动。

幼儿园的家长群体也是教育教学活动可挖掘和利用的教育资源。一方面从家长们从事着的各行各业中选择与教学活动或主题活动相关的内容，引导家长走进幼儿园的教育课程中，指导家长利用专业所长参与到教学活动中，给予幼儿更宽、更广的经验积累。另一个方面，幼儿园可以激发、调动家长参与幼儿园活动的积极性，运用志愿者的方式引导家长参与到幼儿的教学活动、游戏活动中，成为教师的助手，与教师一起指导幼儿游戏的同时更多地了解和理解幼儿园的各项工作。家长参与教育教学活动会使我们的课程增加新活力。

（二）社会资源有效地开发与利用。

社会资源是取之不尽、用之不竭的，只要教师用心去寻找、去挖掘，适宜孩子发展的课程内容将源源不断地出现。因此，发现和利用社会资源，就能使社会环境成为幼儿教育的大课程。

1. 社区资源的开发与利用。

以幼儿所居住的家庭为中心或以幼儿园所在地为中心的社区环境，是幼儿经常可以接触到的、比较熟悉的环境。教师可以充分挖掘社会环境的教育价值，将其纳入到有助于幼儿发展的学习环境中，开展参观、调查、走访、互动等多种形式的活动。

（1）小区内环境资源的利用。

一般社区的相关资源是比较丰富的，如广场、绿地、小型超市、邮局、理发店等都是可以作为丰富幼儿见闻、扩展幼儿经验的环境资源。如社区内的植物往往比幼儿园内的植物更丰富，教师可以将其作为引导幼儿观察四季变化、观察记录植物变化的教育资源。社区内的人文环境（如邮局、小型超市）可以结合"劳动节""认识各种职业"等相关主题开展参观、走访等活动，丰富幼儿的已有经验。

（2）小区内社团资源的利用。

很多社区都设有退休老人的社团活动，教师可以利用这些资源丰富幼儿的社会交往环境，提高幼儿主动交往、主动关爱他人的能力。如结合重阳节、新年等节庆活动参与社区内爷爷奶奶的活动，也可以专门设计与爷爷奶奶互动的教育活动。

还有一些社区的居委会会定期开展一些环保活动，如开展节水宣传日活动、垃圾分类处理活动、绿色出行宣传活动等，这些就发生在幼儿身边，教师可以适时将其作为教育资源。

2. 社会资源的开发与利用。

（1）大事件资源的利用。

以社会为背景的很多大事件，因其社会关注度高、社会参与性强等特点，都可以成为教师教育活动的资源，如奥运会、全运会、国庆节等。虽然这些活动的开展有特定的时间，但会被各种新闻媒体大力宣传，幼儿也会受家长、媒体的影响不断关注事件的发生和发展，成为近阶段感兴趣的内容。教师可以利用幼儿的关注点和兴趣点，挖掘其中的教育价值，开展相关的主题活动，满足幼儿的兴趣需要。

（2）传统节日资源的利用。

以弘扬中国传统文化为核心的各种传统节日，如春节、元宵节、端午节、中秋节等，越来越被社会重视，很多地方结合这些节日，设计和组织了各种类型的大型庆祝活动。教师可以利用当时的环境优势生成主题活动，丰富幼儿对中华传统文化的认识，鼓励幼儿参与到活动中。

（三）其他资源的利用。

1. 绘本、故事书资源的利用。

随着幼儿图书市场的不断扩大，越来越多的绘本、故事书成为教师可利用的教育资源。一方面，教师可利用绘本、故事书的内容丰富教学活动，丰富幼儿的已有经验；另一方面，教师也可以挖掘绘本或故事书的价值生成教育活动。

2. 博物馆资源的利用。

北京作为首都城市，有许多家博物馆。教师可结合主题教育活动的内容组织幼儿参观相关的博物馆，以扩展幼儿的经验。如开展"恐龙"主题活动可以参观自然博物馆，开展"北京文化"主题活动可以参观首都博物馆。北航幼儿园开展"我爱飞机"主题活动时，组织幼儿参观了"航空航天博物馆"，通过亲身体验丰富了幼儿的相关经验。

五、各种活动的有机整合可以有效促进幼儿主动学习

幼儿是一个有机体，他们主要以整体的方式去感受和表达这个世界，建立对世界的整体认识，因此，整合对幼儿园教育非常重要。整合的核心意义就是有机联系、相互渗透。"整合"是一种课程模式，它倡导课程综合，强调课程内容的有机联系，把课程的各个部分和要素有机地组合在一起，形成一个整体，注重教育目标的整体性，注重教育形式和内容的整体性。实践证明，这种课程形式能有计划、有步骤地促进幼儿更主动、更积极地学习，让幼儿在全面和谐的活动中自主发展。

《指南》指出："幼儿的学习是以直接经验为基础，在游戏和日常生活中进行的。教师要珍视幼儿游戏和生活的独特价值，创设丰富的教育环境，合理安排幼儿的一日生活，最大限度地支持和满足幼儿通过直接感知、实际操作和亲身体验获取经验，严禁'拔苗助长'式的超前教育和强化训练。"这就要求我们要树立"教育系统观"和"教育整体观"，树立"一日生活即课程"的理念，把幼儿的学习活动、游戏活动和生活活动看作是一个教育整体，充分整合和利用各种资源，将各种活动有机渗透和整合，从多方面调动幼儿参与活动的积极性，通过多种活动为幼儿提供直接感知、实际操作和亲身体验的机会，使各种活动有机整合形成一个整体，最大限度地促进幼儿主动学习。如何通过"整合"有效地促进幼儿主动学习呢？主要有以下几个具体策略。

（一）活动目标的有机整合有助于幼儿的主动学习和整体发展。

从教育目标来看，我国幼儿园教育的目的是："对幼儿实施体、智、

德、美等方面全面发展的教育，促进其身心和谐发展。"幼儿园教育应当贯彻国家的教育方针，坚持保育与教育相结合的原则，对幼儿实施体、智、德、美诸方面全面发展的教育，全面落实《纲要》《规程》所提出的保育教育目标。因此，在活动目标制定上，首先应将幼儿的知识、情感和技能等方面紧密结合起来，另外，活动目标的制定要注意各领域目标之间的整合，幼儿园的教育目的是促进幼儿全面和谐地发展，同样它的教学目标也不是孤立的，它是一系列教学目标群中的有机组成部分，和其他教学目标相联系。只有教学目标之间相互配合，才能产生整合效应。

如主题活动"童话剧开演啦"目标是：①积极参与准备活动和演出活动，能做出合理计划，并按计划完成任务；②在活动中体验与同伴分工、合作的乐趣，学习简单的分工合作方法；③能自信、大胆地运用清楚、连贯的语言进行表达；④理解文学作品，并能用多种形式表现和表演文学作品。以上几个目标不仅有情感态度、知识经验和能力技能等维度的整合，同时也有社会、语言等领域的体现。活动目标的整合是幼儿学习与发展整体性和自主性实施的重要方式之一。

（二）选择适宜的内容开展综合主题活动可以促进幼儿主动学习。

从幼儿园教育内容来看，幼儿园教育的内容是多元的、发展的，目前幼儿园教育内容按照幼儿学习活动的范畴，相对划分为健康、语言、社会、科学、艺术五个领域。各领域都包含知识技能、情感态度、活动方式方法等多方面的学习。在实际教学过程中，幼儿实际的学习是综合的、整体的，幼儿园教育各个领域的划分是相对的，教育应依据幼儿的学习特点进行整合推进，以使幼儿通过真实而有意义的活动主动地学习，获得完整的经验，促进幼儿身心全面和谐地发展。综合主题活动这一教育活动方式对于促进幼儿主动、深入地学习有着积极的作用。因为主题活动有着"打破学科界限、注重知识的横向联系，让学习者通过系列主题活动的学习获得完整经验"的特点。本书第二部分列举的十五个促进幼儿主动学习的实践探究案例，在内容选择上有以下特点：

首先，主题是幼儿感兴趣的话题。"兴趣是最好的老师"，幼儿只关注他们感兴趣的和正在发生的事情，这是由他们的年龄特点和学习特点决定的。也就是说，只有选择幼儿感兴趣的内容才能有效促进幼儿的主动学习。如主题活动"哇！蜘蛛·网"主要来源于孩子们对驻足在幼儿园山楂树上的一只蜘蛛的观察，孩子们围绕蜘蛛进行讨论："它怎么在这里呢？""它的家在哪儿？""它的家是什么样子的？""它在这里干什么呢？""蜘蛛到底有几条腿？"追随孩子的兴趣，教师带领孩子在班里饲养蜘蛛。从观察蜘蛛的外形到观察蜘蛛网，再到体验并学习蜘蛛不畏困难、不怕挫折的精神；从为蜘蛛死去而伤心到共同创编美丽的蜘蛛故事……在丰富、拓展幼儿经验的基础上，幼儿的兴趣和学习欲望进一步被激发出来。

其次，是贴近幼儿生活的内容。教师经常利用孩子们身边易感知、易得的资源生成主题活动，如根据季节变化生成"美丽的春天""多彩的秋天""小区的变化"等主题活动，这类活动就是以身边的素材自然生成，便于孩子们直接感知和观察体会，便于动手动脑和亲身体验。

再次，基于幼儿的原有经验和发展需要。《纲要》明确指出："幼儿园教育内容的选择既要适合幼儿的现有水平，又有一定的挑战性；既符合幼儿的现实需要，又有利于其长远发展；既贴近幼儿的生活来选择幼儿感兴趣的事物和问题，又有助于拓展幼儿的经验和视野。"如小班教师观察到刚入园的孩子没有动手的意识，洗手等着成年人帮忙，吃香蕉等着老师剥皮，甚至吃饭等着老师往嘴里送……，经过和家长沟通得知，本班孩子大多是由爷爷奶奶带，隔代教育的典型特点就是过于溺爱、包办代替。为此，教师开展了"快乐的小手"这一主题活动，就是基于对幼儿实际情况的了解和长远发展需要考虑的，这一主题活动既符合幼儿的发展水平，同时又用好玩的、丰富的材料激发幼儿动手操作的兴趣，又对幼儿具有一定的挑战，极大地促进了幼儿主动学习。

（三）活动途径和方式的有机整合有利于幼儿的主动学习。

促进幼儿主动学习的教学要求教师从以往关注知识点的传授转变到关

注幼儿主动探索和创造，这就需要教师不仅创设自由安全的精神环境和材料丰富的物质环境，还要将组织形式多样化、将多种活动途径和方式进行有机整合，引导幼儿在游戏中探索、在实践中发现、在操作中表达、在玩耍中想象，使幼儿在开放的活动中拓展自己的思维空间，发挥自己的潜能，形成自己的个性，实现真正的主动学习和自主发展。

如在主题活动"快乐的小手"中，教师观察到刚入园的孩子动手能力较弱，通过家长访谈，了解到孩子在家庭中的抚养方式，进而与家长沟通使其了解让孩子自己做力所能及事情的重要性，争得家长对活动的认可。接着，教师通过几个集体教学活动引导幼儿认识小手的外形特征和小手的作用，之后在各个区域给孩子们提供了数量充足、种类齐全、可操作性强、具有探索价值、难易适中的活动材料，让幼儿动手操作、反复尝试，从多角度感知、观察、思考。在生活中给幼儿提供自己倒奶、收拾桌子、整理衣物、给花儿浇水等机会。也和家长沟通在家庭中尽量给孩子提供一些自己做事的机会。最后通过科学探究活动"帮鸡妈妈装米"引导幼儿亲身体验和亲自动手，不仅探索了不同工具的使用方法，还让孩子感受到自己小手能帮助他人，体验实现自我价值的快乐。

在主题活动"我爱爷爷奶奶"中，教师集体引导幼儿开展调查、访谈等活动，走近爷爷奶奶、深度了解爷爷的兴趣爱好、身体状况、饮食起居等，之后通过体验让幼儿感受爷爷奶奶对自己深深的爱。本主题的目标主要在于引导幼儿如何付出爱、如何表达对爷爷奶奶的爱。通过与区域游戏的有机结合，在科学区投放了血压仪，幼儿学习给老人测血压关注爷爷奶奶的身体健康；在手工制作区给爷爷奶奶做保健盒；在生活区为爷爷奶奶烘烤他们喜欢吃的点心……最后通过综合活动形式为爷爷奶奶开展老人节联欢会，孩子们从策划准备到最后的开展过程中，学会了做计划、学会了分工合作、学会了商量、学会了解决问题，自主学习的能力得到极大提升。

在综合主题活动"哇！蜘蛛·网"中，教师追随孩子的兴趣和需要，充分发挥区域教育的价值，给幼儿主动学习提供更大的空间，逐步实现幼儿的深度学习。孩子们从对驻足在山楂树上的一只蜘蛛感兴趣，到在班级里饲养蜘蛛；从观察蜘蛛的外形，到对蜘蛛网感兴趣，再到体验并学习蜘蛛精神；从为蜘蛛死去而伤心，到共同创编美丽的蜘蛛故事……在丰富并拓展幼儿经验的基础上，幼儿的兴趣被充分调动起来。活动区给予幼儿自主探索和表现的空间，他们根据自己的兴趣选择自己喜欢的活动、选择与主题相关的学习内容、选择个性化的表达方式，展示出属于他们自己的学习方式。在这个活动中，主题与区域有机结合，主题活动内容丰富了区域游戏活动的内容，区域游戏活动又推进了主题的不断深入。幼儿围绕共同的话题进行对话、交流与分享，启发他们多角度思考，促进经验整合。

即使是一个集体教学活动，教师也巧妙整合多种方式让幼儿通过看、闻、摸、想、问、说、记录等得到感性认识。如在音乐活动"毛毛虫变蝴蝶"中，教师用直观形象的视频给孩子们展示了毛毛虫变蝴蝶的神奇过程，同时激发孩子参加活动的兴趣，之后巧妙地引出与此变化相应的音乐让孩子们感知欣赏，最后用多种形式（身边常见材料、肢体动作等）让幼儿深入探究，表达对音乐的理解。多种形式的教学手段引导幼儿从兴趣点出发，逐渐深度投入，从而在不自觉中主动学习、自主发展。

第二章

促进幼儿主动学习的教育活动

第一节 综合主题活动

一、快乐的小手（小班）

主题活动由来

现代家庭，多数幼儿是由家里祖辈老人看护的，在生活中有很强的依赖性，他们的自我服务意识和自理能力较弱，在园一日生活中总是习惯于被动地等待老师帮忙。小班幼儿还处于直觉行动思维阶段，小手是他们探索世界的一个重要途径，他们喜欢摆弄材料、喜欢东摸西看地探索。在观察分析小班幼儿身心发展、学习特点和兴趣需求的基础上，结合小班幼儿游戏化的一日生活教育方式，我们开展了这一主题活动。

主题活动目标

1. 喜欢参与有关小手的游戏，建立与老师和同伴的情感依恋。

2. 了解小手的名称和作用，初步掌握洗手和护手的正确方法。

3. 能够尝试自己的事情自己做，提高动手能力。

4. 愿意尝试、探索和使用生活中常见的材料，能够手眼协调、专注地完成自己选择的任务，获得成功的体验。

🌱 主题活动网络图

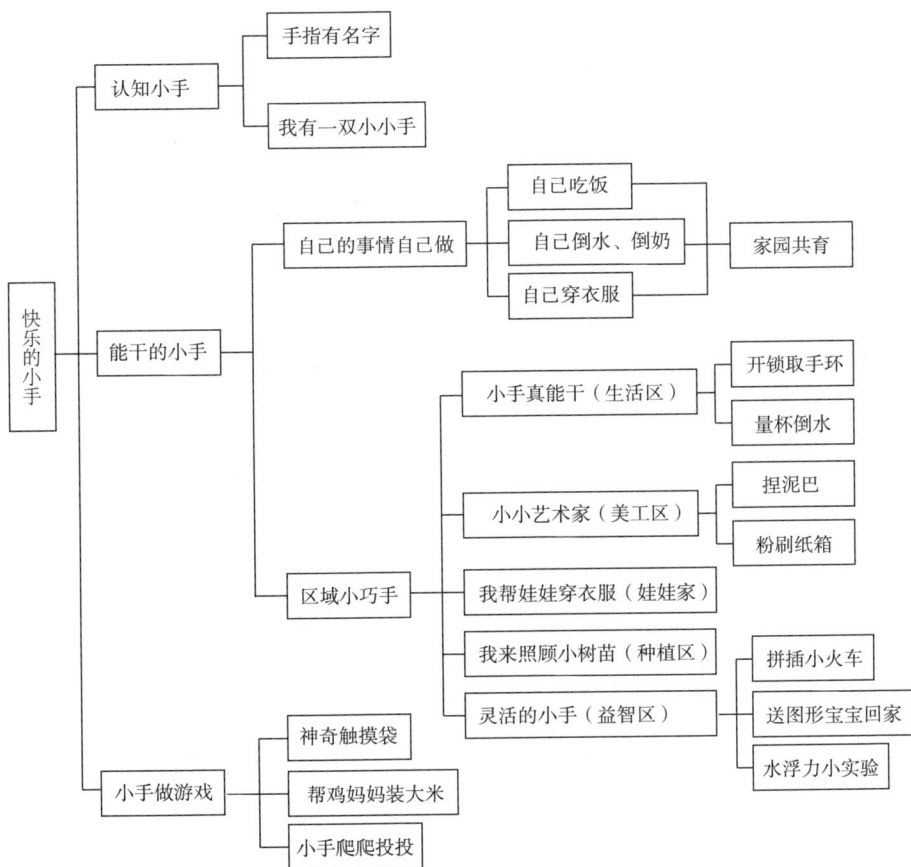

```
                        ┌─ 手指有名字
          ┌─ 认知小手 ─┤
          │            └─ 我有一双小小手
          │
          │                              ┌─ 自己吃饭
          │            ┌─ 自己的事情自己做 ─┼─ 自己倒水、倒奶 ── 家园共育
          │            │                  └─ 自己穿衣服
          │            │
快乐的小手 ─┼─ 能干的小手 ┤                              ┌─ 开锁取手环
          │            │            ┌─ 小手真能干（生活区）┤
          │            │            │                  └─ 量杯倒水
          │            │            │
          │            │            │                  ┌─ 捏泥巴
          │            │            ├─ 小小艺术家（美工区）┤
          │            └─ 区域小巧手 ┤                  └─ 粉刷纸箱
          │                         ├─ 我帮娃娃穿衣服（娃娃家）
          │                         ├─ 我来照顾小树苗（种植区）
          │                         │                  ┌─ 拼插小火车
          │                         └─ 灵活的小手（益智区）┼─ 送图形宝宝回家
          │                                            └─ 水浮力小实验
          │            ┌─ 神奇触摸袋
          └─ 小手做游戏 ┼─ 帮鸡妈妈装大米
                       └─ 小手爬爬投投
```

活动一：家园共育

【活动目标】

1. 引导家长了解幼儿园主题活动内容，家园保教一致。

2. 家园共育，培养幼儿的自主服务意识，引导幼儿自己的事情自己做。

【活动准备】

家长会资料及 PPT 。

【活动重难点】

重点：让家长了解幼儿园主题活动内容，引起家长对活动的重视。

难点：家长掌握培养幼儿独立自主做事的小策略。

【活动过程】

1. 开学初期，介绍主题内容，家园达成统一培养目标。

教师通过家长会和个别家长约谈，介绍主题活动的由来及进展情况，鼓励家长配合活动的开展，做到家园要求一致，促进孩子健康快乐地发展。尤其是由祖父祖母照顾的幼儿，老人比较溺爱孩子，容易包办代替，剥夺孩子自己动手的机会，幼儿父母应做好老人的思想工作，引导他们更新育儿理念，与幼儿园培养目标保持一致。

2. 运用多种途径、多种手段，引导家长了解幼儿的基本情况。

教师利用照片与视频录像，让家长了解幼儿在园的情况，并向家长介绍鼓励幼儿自己动手做事情的策略，如一些生动有趣的游戏化方法。使家长认识到孩子不是做不到，而是没机会做；不是不会做，而是缺少正确的引导方式和方法。家长们也通过微信群直播幼儿在家独立做事、服务他人的事情。家园共同努力，提高幼儿自己做事的能力。

3. 学期期末，欣喜地发现孩子的成长。

到了学期末，孩子们不但会自己吃饭了，而且能做到不挑食、不撒饭；不仅能自己穿脱简单的衣服，还能拉拉链、扣扣子。他们知道了做任何事情都先尝试、再调整，不会一开始就退缩。这些变化让家长感到欣喜。孩子在家长与老师的共同鼓励下更加自信了，不仅自己的事情自己做，也开始尝试帮助别人做一些力所能及的事情，比如：照顾植物，发现地上有垃圾时会捡起来送入垃圾桶，自己的作品会选择合适的地方进行展示，小女生们穿裙子时互相帮忙拉后面的拉链，喝水水洒了帮忙一起擦桌子等。这些温馨的画面在幼儿园、在家里会经常出现，这都得益于家园共育的良性循环。

【教师思考】

利用家园共育引导家长保持与幼儿园的教育目标方法一致，并及时发现幼儿的发展变化，及时鼓励幼儿好的行为和做法，固化幼儿已建立的经验。家长参与到幼儿园的活动中，了解主题活动的进展，能够主动配合幼儿园的教育教学，共同培养幼儿独立自主的能力。

活动二：手指有名字（集体教学）

【活动目标】

1. 认识小手，能说出各个手指的名称。

2. 喜欢玩有关手指的游戏，产生探索小手的兴趣。

【活动准备】

经验准备：知道自己的小手能做很多事情。

物质准备：手指套 10 个（分别画有爸爸、妈妈、哥哥、姐姐、"我"的简笔头像），全家福照片。

【活动重难点】

重点：认识自己的小手。

难点：能说出手指的名称。

【活动过程】

1. 小手游戏，导入活动。

小手拍一拍

小手小手拍一拍，我把小手举起来；

小手小手拍一拍，我把小手放下来。

小手小手拍一拍，我把小手往前伸；

小手小手拍一拍，我把小手往后伸。

小手小手拍一拍，我把小手抱起来；

小手小手拍一拍，我把小手藏起来。

引导幼儿玩有关小手的游戏，产生探索小手的兴趣。

2. 出示全家福照片，迁移经验。

教师：小朋友都有家，你们家里都有谁呢？

请幼儿说一说家里都有谁。

教师借助手指套展示家庭成员：我的家里有爸爸妈妈和"我"，还有爷爷奶奶（姥姥姥爷），看，我们的手指也组成了两个家，家里都有谁呢？（戴上手指套伸出双手）它们的家里有爸爸、妈妈、哥哥、姐姐、弟弟（一边说一边勾动左右手的大拇指、食指、中指、无名指、小指），它们两家人非常友好，帮助我们做了好多事（做神秘状）。听！手指在说话呢，让老师来听一听它们在说什么（做倾听状）。它们在说小朋友都有好听的名字，可是它们没有名字。我们一起来给手指取名字好吗？

（老师利用全家福照片引出小手也是一家人，每根手指都有名字。有效地将幼儿的已有经验进行迁移，为下一环节认识手指名称做铺垫。）

3. 介绍每根手指的名称。

（伸出大拇指）爸爸是家里最大的，就叫它大拇指吧！

（伸出食指）妈妈就在爸爸的旁边，它每天给孩子做好多好吃的食物，就叫它食指吧！

（伸出中指）哥哥在爸爸妈妈和姐姐中间，它的个子最高就叫它中指吧！

（伸出无名指）给姐姐起个什么名字呢？咱们一起动动脑（做思考状），姐姐可不能没有名字啊！没有名字就是无名，就叫它无名指吧！

（伸出小指）弟弟最小，我们就叫它小指吧！

4. 通过游戏强化对五指的认识。

教师：小朋友，现在每根手指都有自己的名字了，它们可高兴了，不过它们还要考考我们，看谁记住了它们的名字。教师逐一伸出每根手指请全体幼儿说出它是谁？叫什么？如"它是妈妈叫食指，它是弟弟叫小指。"

互动游戏"小手指，弯一弯"，引导幼儿按教师的指令让某个手指"弯下去"或"站起来"，锻炼手指的灵活性。

【教师思考】

活动以孩子喜欢的互动游戏导入，以贴近孩子生活的全家福为经验基础引出"小手一家"，以游戏的方式介绍每根手指的名称，再以互动游戏进行巩固。将枯燥的认知变得生动有趣，有效地达到了活动的目的。利用互动游戏强化和巩固幼儿对手指的认知，寓教于乐，使活动富有趣味性和挑战性。

活动三：我有一双小小手（集体教学）

【活动目标】

1. 理解歌曲内容，通过歌曲进一步了解小手的用途。

2. 愿意跟随老师大胆演唱歌曲，体验音乐活动的乐趣。

【活动准备】

经验准备：对小手的外形和用途有初步的了解。

物质准备：音乐《我有一双小小手》，与歌曲相对应的图示。

【活动重难点】

重点：理解歌曲内容，愿意与老师一起演唱歌曲。

难点：能大胆地演唱歌曲。

【活动过程】

1. 猜谜游戏导入活动。

教师神秘地说谜语。

谜　语

一棵树，五个叉，

不长叶子，不开花。

请幼儿仔细聆听，积极思考，并大胆猜测。

教师肯定幼儿的猜想并在最后说出答案。

2. 倾听歌曲，讨论并理解歌词内容。

（1）播放歌曲《我有一双小小手》，引导幼儿认真倾听。

我有一双小小手

我有一双小小手，一只左来一只右；

小小手，小小手，一共十根手指头。

我有一双小小手，能洗脸来能漱口；

会穿衣，会梳头，自己的事情自己做。

（2）结合生活经验进行讨论。

教师：请小朋友仔细听一听，能从歌曲里听到什么内容呢？

幼儿：一只左手，一只右手，十根手指头……

幼儿：小手会穿衣，会梳头，会洗脸。

教师：你们的小手会做这些吗？还会做什么？

幼儿：会帮妈妈擦地，会搭积木，会穿鞋子……

3. 根据图示、动作理解歌词。

（1）教师播放音乐，鼓励幼儿根据图示做相应动作，帮助幼儿理解歌词内容，并根据歌词进行游戏，如教师做动作，幼儿说歌词，潜移默化地帮助幼儿理解歌词。

（2）在幼儿熟悉旋律的基础上，鼓励幼儿跟随音乐小声跟唱，并用图示和动作提示幼儿。

4. 师生共同表演，鼓励幼儿根据图示及动作的提示大胆演唱和表演。

老师与幼儿共同表演歌曲，用自己极富感染力的声音与动作带动幼儿投入表演。

【教师思考】

选择《我有一双小小手》这首歌曲，是因为歌曲的内容贴近幼儿的生活，符合生活的实际。幼儿在倾听歌曲，讨论歌词内容的同时，可以结合自身的生活经验思考小手还可以做什么，帮助幼儿进一步了解小手的作用，除了自己的事情自己做，孩子们还说出了帮助爸爸妈妈做的事情。除此之外，教师还借助图示和动作帮助幼儿记忆歌词，直观地提示引导幼儿大胆演唱。最后孩子们都能跟随音乐大胆演唱和表演此歌曲。

活动四： 自己的事情自己做（生活活动）

【与主题相关的活动】

倒奶、倒水。

【活动目标】

1. 尝试自己用奶壶倒奶和用水壶倒水，能主动喝一定量的白开水和牛奶。

2. 能够自己的事情自己做，感受自我服务的快乐。

【活动过程】

1. 老师为幼儿示范六步洗手法，引导幼儿学会洗手。

六步洗手法：

（1）用水将手冲洗一遍，涂上洗手液或香皂，搓出泡沫，然后双手五指并拢，大拇指分开，互相搓揉掌心。

（2）先使左手心覆盖在右手背上，手指交叉，顺着指缝搓揉，然后两手交换位置，重复进行。

（3）两掌心相对，手指互相交叉，上下搓揉指缝。

（4）两手相对，握成虚拳，左手掌搓揉右手指背部，右手掌搓揉左手指背部。

（5）左手稍握紧右手大拇指，旋转 180 度搓揉洗净大拇指；然后两手交换位置，重复该步骤。

（6）最后，左手五指聚拢成锥形，在右手掌心搓揉清洗指尖；然后两手交换重复该步骤。

2. 自己的事情自己做。

加餐时间到了，小朋友们一边说唱自编的洗手儿歌，一边认真地按六步洗手法洗手，洗完后回到自己的座位上，双手配合着端起奶壶，将壶嘴对准自己的杯子倒了大半杯牛奶。有一位小朋友不小心把水洒到了桌子上，另一位小朋友立刻走上前拿起桌子上的抹布帮他把水渍擦掉。汐汐倒奶的时候壶嘴没有对准杯口，洒了出来，她立刻调整壶嘴的方向，倒完奶后，她又主动拿起桌布把桌面擦干净，然后开心地喝起奶来。

第二学期开学初期，小班的小朋友就能够双手配合、手眼协调地用水壶倒水了，他们能发现问题并及时调整，还能主动帮别人擦桌子，良好的习惯正在慢慢形成。

擦水渍

倒奶

【教师思考】

结合生活即教育的理念，我们把主题活动"快乐的小手"渗透到一日生活中，鼓励幼儿自己的事情自己做。从开学初孩子什么都不会、什么都不做到逐渐尝试动手学习，现在可以自主地用水壶倒水、倒奶，用正确的方法洗手、擦手、抹油，自己穿衣服、拉拉链等。他们的小手越来越灵活，越来越能干，生活自理能力大大提高。所以，老师和家长一定要给孩子自己做事的机会，允许他们尝试，在做不好、做得慢的时候细心指导、及时鼓励，孩子们会给我们一个又一个的惊喜。

活动五：小手真能干（区域游戏）

【与主题相关的区域】

生活区。

【投放材料】

配有大中小钥匙的两套锁，大小不同的量杯，带有刻度的杯子、瓶子，不织布娃娃系扣，拉链，各种瓶子拧盖，自制鞋底穿绳等。

【游戏过程】

1. 开锁取手环。

在游戏区，西西拿出一个套有三把锁的金色手环，如果能把套在手环

上的锁打开，就可以获得这个套锁的
金色手环。西西首先用左手握住一把
最大的锁，在钥匙盒里找出一把最大
的钥匙插进锁孔，拧了拧，没有打开，
接着更加用力地拧了拧，还是没有打
开。他摇摇头，把钥匙放回去又找出
另外一把大钥匙，这次轻松一拧，锁
开了。西西露出了满意的笑容，他把
大锁从手环上取下来，又找了一个小

开锁取手环

钥匙，一次成功地把小锁打开了。五分钟的时间，他就把大中小三把锁都打
开了，获得了一个手环。"这个送给妈妈！"他一边说一边高兴地把手环戴到
自己的手上。接着，他又拿出另一个套有三把锁的手环，不到三分钟就把锁
打开了，之后他走到老师身边说："老师，这个手环送给您！"

对这套开锁的材料老师设定的目标是找到匹配的钥匙，能够手眼协调
地完成拧钥匙的动作，最后将锁打开。在游戏时间西西专心地开锁，研究
怎么更快地把锁打开，动脑与动手能力都得到了很好地发展。

2. 量杯倒水。

在区域活动中，两位小朋友找出带有刻度的杯子、瓶子、量杯，进行
倒水游戏。菁菁说："小花口渴了，我要给它浇点水。"西西也附和着：
"对，咱们给种植区的植物弄点水喝。"于是两人用杯子和量杯开始倒水。
"给植物浇多少水呢？"菁菁问。西西
稍加思考指着量杯 200 毫升处说："给
它浇这么多吧！""好的，那么我们就
倒这么多。"菁菁说着就开始倒。她们
先规划好倒多少量的水，接着进行一
次次的倒水实验。开始，小朋友对倒
水量把握不准，经过一次次地观察、
比较、分析、讨论，两位小朋友渐渐

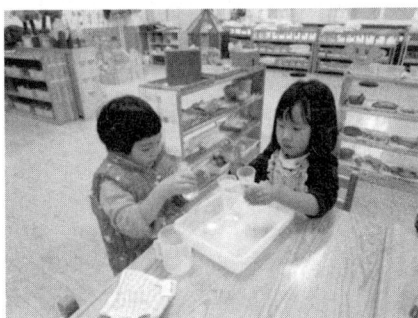

量杯倒水

地能够把握倒水量了。

【教师思考】

教师将相关的内容和目标物化到每个活动区，如在生活区开展夹豆、倒水、穿珠、系扣、拧盖、开锁等游戏，锻炼小手的精细动作，提升其灵活性。同时结合小班的年龄特点，投放尽量带有游戏性和情景性的材料，比如开锁成功了可以获得套在锁中的手环，孩子们还可以将小手环带回家送给妈妈，这都能激发他们游戏的兴趣。如用勺子和夹子给小狗喂骨头，给小兔子喂胡萝卜，有趣的游戏和情景激发幼儿自己动手操作的兴趣和愿望。孩子们在情境中更加专注游戏，动手能力、手眼协调能力都会得到明显的提高。

活动六：小小艺术家（区域游戏）

【与主题相关的区域】

美工区。

【投放材料】

自然材料：泥巴、树叶、石头、蛋壳等。

废旧材料：纸箱、纸盒、瓶子、瓶盖等。

美工材料：各种纸、颜料、玩色工具、画笔、橡皮泥等。

制作说明书：橡皮泥茄子步骤图等。

【游戏过程】

宙宙根据橡皮泥茄子的步骤图示进行制作，他先拿出紫色的橡皮泥用两只手团成一个椭圆，然后把其中一端用大拇指和食指捏成尖的，椭圆变成了水滴形。然后选择绿色的橡皮泥，用一只手在垫板上搓成细条形做叶子，接着小心翼翼地把细条叶子粘在了紫色水滴形橡皮泥的尖头上，这样一个漂亮的茄子就做好了。

北北选择的是泥巴，他把一大块泥分成了一大一小两块，拿起大块在垫板上摔了几下，将其变成了长柱形，然后他将小块分成了若干更小块，搓成了长条形，粘在了长柱形的上半段。做好后他开心地说："这是我做的大树，冬天的大树就是这样的。"

做"大树"　　　　　　　　　　　　粉刷箱子

同时，还有两个女孩在衣帽间粉刷废旧箱子，她们开始拿着刷子往上面刷颜料，之后直接把小手涂上颜料开始用小手进行拓印创作。区域游戏结束后，废旧的纸箱变成了一个五颜六色的彩箱子。她们兴高采烈地说："等颜料干了，我要在彩箱子上挖个窗户，这样就可以当小房子了。"

【教师思考】

怎样结合艺术活动促进手部动作的发展？可以引导幼儿通过动手操作进行哪些形式的艺术表现和表达？结合这一思考，教师在美工区投放了橡皮泥、手工材料、绘画等丰富的游戏材料，满足幼儿自由选择和自主游戏的需求。教师投放的每一个材料都是与目标或主题相结合，除了满足幼儿的艺术表达以外，还发展了幼儿的剪、粘、捏、涂等手部动作。在这次活动中，参与玩泥的小朋友练习了揉、搓、团、捏等精细动作，而参与创作纸箱的两个女孩子，在涂涂画画、抹抹刷刷的过程中也发展了小手的触感能力。

活动七：我帮娃娃穿衣服（区域游戏）

【与主题相关的区域】

娃娃家。

【投放材料】

娃娃家整体环境创设（衣柜、沙发、圆桌、小床、厨具等），娃娃，娃娃衣服，小推车，小澡盆，小便盆，角色挂牌等。

【游戏过程】

开学初期，教师就与孩子们讨论了娃娃家有哪些角色，根据孩子们的要求，老师制作了爸爸、妈妈、哥哥、弟弟、姐姐、妹妹、爷爷、奶奶的角色挂牌，孩子们进区后能随心所欲地选择自己想体验的角色。今天悠悠选择当姐姐，她在衣柜里找了一件漂亮的裙子，然后把"宝宝"放在腿上给她穿衣服。可是她一只手扶着"宝宝"，另一只手尝试了好多次都不能单独给宝宝穿上衣服。这时，恕恕看见了主动上前对悠悠说："我帮你！"然后，悠悠扶着宝宝，恕恕小心翼翼地从下面把裙子给宝宝套上，穿袖子的时候先穿进一只胳膊，另一只胳膊怎么都穿不进去，恕恕又把裙子从胳膊上脱下来，尝试先穿靠近自己身体的那只胳膊，然后穿另一边，但还是失败了。显然，穿袖子对他们来说有点困难，但两个孩子没有放弃，又反复尝试了好几次。虽然比较难，但他们耐心地完成了。最后，两位小朋友高高兴兴地抱着"宝宝"一起过生日。

帮娃娃穿衣服

【教师思考】

娃娃家是小班幼儿最喜欢的区域，孩子们在角色游戏中能再现生活情境，如做饭、接待客人、过生日等。随着幼儿游戏内容的丰富和不断深入，他们开始提出新的想法，我们要当妈妈，要有小宝宝，我们可以照顾小宝宝。根据孩子的需求，教师提供了一套男宝宝和一套女宝宝的衣服及澡盆、便盆、小推车等。孩子们在模拟情境中开心游戏的同时发展了手部的精细动作，提高了小手的灵活性。

活动八：我来照顾小蒜苗（区域游戏）

【与主题相关的区域】

自然角。

【投放材料】

各类观察植物，幼儿自己种植的大蒜（已长出蒜苗），剪刀，浇水杯。

【游戏过程】

班级的小朋友主动分组，选择土培和水培两种方式来种植大蒜。种植后，他们每天都主动到自然角观看蒜宝宝有没有发芽。在孩子们的精心照顾下，蒜苗每天都在长高。

"蒜苗的叶子为什么会黄呢?"小朋友发现有的蒜苗叶梢部位开始变黄了，他们觉得没有及时浇水。

"我可以把黄色的尖修剪一下吗? 这样就能长得更好了，我们家的蒜苗就是这样。"

于是，孩子们主动承担起修剪蒜苗，给小蒜苗浇水的任务。萌萌右手拿着剪刀，

修剪蒜苗

左手拉着变黄的蒜叶，小心翼翼地把它剪下来。北北看培育蒜苗的土变干变硬了，拿着浇水杯接水浇蒜苗。

【教师思考】

小班的自然角种植、养殖的大多是观赏类植物和动物，怎么样让孩子真正关注自然角与自然角互动起来呢? 首先，要选择生长周期短而且变化

大的植物，种植蒜苗就是一个不错的选择。当孩子发现问题的时候，教师可以引导他们想办法主动解决，并给他们机会让他们参与完成。虽然使用剪刀对于小班初期的幼儿有点难度，但是应该给他们尝试的机会。教师在教给他们正确使用方法和安全规则后鼓励他们大胆尝试，因为只有他们的愿望得到支持，他们才能更加主动、更加自主。

活动九：灵活的小手（区域游戏）

【与主题相关的区域】

拼插区、益智区、科学区、表演区。

【投放材料】

拼插区：各种拼插类玩具（如乐高、插片、积木）。

益智区：自制的"送图形宝宝回家""我帮小熊分棒棒糖"材料。

科学区："水的浮力"试验材料，神秘的触摸袋，神奇的磁铁。

表演区：撞钟、响板、铃鼓、沙锤等打击乐器，小裙子、帽子、纱巾等服装道具。

【游戏过程】

拼插区有孩子们喜欢的各种拼插类玩具，他们利用这些玩具拼插或拼摆出各种自己喜欢的造型。子清在用乐高玩具专心致志地拼摆他的小火车，在这个创作过程中，他需要想象构思，需要手眼协调地完成拿、放、按、拔、插等一系列动作。

益智区投放的是教师根据小班数学领域目标自制的材料，在"送图形宝宝回家"游戏中，孩子们除了需要运用视觉分辨图形，还需要用小手触摸图形，对图形进行分类，调动多种感官对图形进行认知。在"我帮小熊分棒棒糖"游戏中，东东把相应数量的棒棒糖插进相对应的数字小桶里，最后完成粘贴记录工作，在操作中巩固1~5的点数。

羽凡正在科学区进行"水的浮力"小实验，高量杯里有一个白色的泡沫小球，羽凡需要把水倒进这个量杯里，让小泡沫球升起来。

汐汐和霏霏在表演区拿着撞钟尝试表演，她们用小手探索不同乐器的使用方法，还穿上自己喜欢的裙子、戴上喜欢的头纱，愉快地进行表演。

【教师思考】

这些区域游戏对小手的控制力、精细化动作都有比较高的要求，孩子们在操作过程中得到了多元发展，动手能力更是得到了锻炼和提升。在表演区，孩子们可以选择自己喜欢的服装道具、乐器和音乐，进行故事表演、乐器表演、舞蹈表演，真正实现了我的表演我做主，体现了幼儿的积极主动性。

活动十：神奇触摸袋（集体教学）

【活动目标】

1. 提高触觉的敏感性，体验参与触摸游戏的快乐。

2. 通过用手触摸能够感知物体的软硬及形状（三角形、正方形、圆形）。

【活动准备】

经验准备：能够分辨三角形、正方形、圆形。

物质准备：触摸袋，软硬不同的物品，三角形、正方形、圆形材料。

【活动重难点】

重点：能够触摸感知出软硬不同的物品。

难点：能够通过触摸分辨三角形、正方形、圆形。

【活动过程】

1. 出示触摸袋，激发幼儿参与游戏的兴趣。

教师：老师今天给你们带来了一个神秘的礼物？你们猜猜里边装的是什么？

小班幼儿对世界充满了好奇，老师拿出触摸袋晃一晃，让幼儿听一听里边发出的声音，让他们猜一猜里边都有什么。这能极大地调动起幼儿参与活动的兴趣与好奇心。

2. 师生触摸游戏，感受软硬的不同。

教师请一名幼儿上前在触摸袋里摸出一种物品。

幼儿：我摸到了一个软软的沙包。

教师：软软的是什么感觉？（老师引导幼儿说出软软的特征。）

幼儿：捏在手里很舒服，可以用手捏小或捏扁。

幼儿对软硬有了初步的理解后请每位小朋友拿出自己的触摸袋，用触摸的方式找出一个软软的东西，再找出一个硬硬的东西。

3. 游戏"摸一摸、猜一猜"，辨别不同形状。

（1）每位小朋友一个触摸袋，共同进行触摸游戏。幼儿通过摸一摸、捏一捏、敲一敲的不同方式，发现"软的东西用力挤压后可以变形，而硬的东西无论怎么用力挤压它都不会变形"。

（2）触摸图形，引导幼儿用触觉感受图形边、角的不同，巩固他们对图形的已有经验，提高小手的敏感性和对图形的认知。

4. 鼓励幼儿进行其他物品的触摸游戏，巩固认知。

【教师思考】

触摸游戏具有神秘感，是小班幼儿非常喜欢的活动之一，幼儿先通过触摸了解软硬物品的不同，之后增加难度，引导幼儿触摸、辨别图形。这就需要幼儿的小手对图形的边、角有细致的触摸，再把触摸到的信息转化为对图形的认知，才能正确地辨别出三种图形来。

活动十一：帮鸡妈妈装大米（集体教学）

【活动目标】

1. 认知生活中常见的工具，体验使用生活工具的乐趣。

2. 通过使用漏斗往小瓶里装大米，感知发现用漏斗往小瓶里装东西又快又好。

3. 进一步发展手眼协调能力。

【活动准备】

经验准备：使用过勺、夹子等工具。

物质准备：漏斗，小勺，夹子，叉子，碗，塑料瓶，大米。

【活动重难点】

重点：掌握使用漏斗的方法。

难点：探索发现漏斗装米又快又好。

【活动过程】

1. 设置情境，激发幼儿帮助鸡妈妈装大米的兴趣。

教师：我给宝宝准备了许多大米，准备装到瓶子里储存起来，为过冬做准备。这么多，我自己装不过来，你们愿意帮助我吗？

教师扮演鸡妈妈，提出装米问题调动幼儿的活动兴趣，孩子们借助已有经验开动脑筋想办法，教师鼓励、肯定幼儿的方式。

2. 幼儿自由尝试使用多种工具，初步感受体验操作探索的过程。

幼儿尝试用多种方法往瓶子里装米，有的小朋友用带嘴的壶，有的用小碗，有的用漏斗。

教师：现在用漏斗装米不撒了，刚才用漏斗装为什么会撒呢？

幼儿：因为我没有注意，漏斗嘴没有放进瓶口，米就撒出来了。

教师：为什么现在不撒米了呢？

幼儿：因为我把漏斗嘴放在瓶子里了，米都撒进了瓶子里。

3. 集体分享第一次装米的收获，重点讨论新工具——漏斗。

教师：你们觉得哪个工具装米最好用，你们知道它的名字吗？

幼儿：漏斗（有玩沙经验的小男孩立刻回答）。

教师：对，它的名字叫漏斗，你们觉得它长的像什么？

幼儿：像喇叭、像大嘴巴，你看这里是大嘴巴！

4. 幼儿再次尝试用漏斗装米，鼓励孩子们说出使用漏斗装米的感觉。

幼儿：漏斗装米非常快，你看我直接把一小碗米都倒进去了，一点儿都没有撒。

幼儿：我也喜欢用漏斗，很好玩，哗啦啦的，米一下子就装进瓶子里了。

5. 情境结束，肯定幼儿对"鸡妈妈"的帮助。

教师模仿鸡妈妈说："小朋友，谢谢你们帮我装好了米，有了这些米，我的鸡宝宝就不会饿肚子啦，你们为了帮助我把米装进瓶口很小的瓶子里尝试用了很多不同的工具，装好后还拧上了盖子，你们的小手真能干。让我们一起把装满米的瓶子送到鸡妈妈家吧，鸡妈妈太感谢你们啦！"

【教师思考】

在这个活动中，教师创造了帮助鸡妈妈装米的游戏情境，利用生活中的常见工具（小碗、勺子、夹子、漏斗等材料），使幼儿在动手操作的过程中体验使用工具的快乐，感受不同工具的使用效果，提高了手眼协调能力，丰富了幼儿的生活经验。整个活动都在帮鸡妈妈装大米的游戏情境中进行，幼儿完成了对不同装米工具的探索，在情感上体验到帮助他人的快乐。小手能使用工具，尝试使用生活中常见的工具做力所能及的事情并帮助别人，在此过程中，不仅提升了幼儿的手眼协调能力，也使幼儿的手部肌肉精细动作得到进一步发展，并且使他们体验到助人为乐的快乐。

活动十二：小手爬爬投投（户外活动）

【活动目标】

1. 运用小手进行户外体育游戏，体验户外游戏的快乐。

2. 练习手脚爬、手膝爬及投掷的动作，提高身体协调性。

【活动准备】

经验准备：初步掌握手脚爬、手膝爬及投掷动作。

物质准备：小蜗牛头饰，小蜗牛房子，长地垫，幼儿自制投掷箱和纸球。

【活动重难点】

重点：练习手脚爬、手膝爬及投掷动作。

难点：提高身体协调性。

【活动过程】

（一）手脚爬——小蜗牛捉迷藏。

小朋友戴上小蜗牛的头饰扮演小蜗牛，与"蜗牛妈妈"一起到草地上玩耍。"蜗牛妈妈"说："快快爬、慢慢爬，找个地方藏起来！""小蜗牛"到小房子、栅栏或到滑梯后藏起来，与"蜗牛妈妈"玩捉迷藏的游戏。"蜗牛妈妈"可以变化儿歌内容，引导幼儿变化爬行速度与方向，逐渐增强手脚爬的难度。

蜗牛爬

（二）手膝爬——钻山洞。

小朋友们分成四队，其中两队分别站在地垫的两边，两队并排相对站立的小朋友们双手搭在一起，搭成长长的山洞。老师说儿歌："山洞山洞长长，山洞山洞矮矮，我们一个跟一个，穿过山洞找妈妈。"其他两队小朋友跟随儿歌，一个跟一个地手膝着地爬穿过山洞。

钻"山洞"

（三）投掷——打败大狐狸。

用自制的纸箱做大狐狸，摆放在一个固定位置，小朋友们拿起自制的球站在三米以外的地方进行投掷，谁能把球投掷到"狐狸"嘴里，谁就获得了胜利。

【教师思考】

爬是小班幼儿着重训练的大动作

打败"大狐狸"

运动项目，手脚爬、手膝爬是发展幼儿的大动作及协调能力的关键动作。根据主题需要，教师开展了小蜗牛找家（手脚爬）、钻山洞（手膝爬）等户外游戏。在幼儿园的体能测试项目中，投掷一向是幼儿的弱项，小班幼儿的投掷经验比较少，为此，我们在分散游戏区开辟了投掷游戏专区，小朋友从开始不会投到能近距离投掷，一点一点地进步，最后可以进行3米以上远距离的投掷。

主题活动反思

优势一：主题活动内容顺应了孩子发展的需求。

开学初，教师观察到本班幼儿依赖性大、不愿意自己动手、生活自理能力较弱等特点，开展了主题活动"快乐的小手"，引导他们运用小手做自己能够做的事情。他们经历了从不愿意动手到乐于尝试、从做不好到做得很好、从自我服务到尝试为他人服务的过程。通过这一主题活动，孩子们不仅提高了生活自理能力，也帮助他们树立了自己的事情自己做的自信心。

优势二：综合运用多种途径和方式深化落实主题目标。

在整个主题活动开展过程中，教师充分挖掘一日生活各环节教育价值，综合运用多种途径和方法保证主题活动的深入开展。集体教学活动如"小手真能干""小手触摸袋""帮鸡妈妈装大米"等，主要帮助幼儿获得多领域的共性经验。区域游戏有效地物化了主题目标，给孩子们提供了亲身体验、实际操作和动手尝试的材料和游戏。在生活环节，给孩子们创设自己动手和自己解决问题的机会。利用家园共育，引导家长树立正确的理念，减少包办代替，家园共育形成合力，有效地促进幼儿的发展。

优势三：遵循小班游戏化的年龄特点。

小班幼儿直觉行动思维占主导，再加上喜欢游戏、爱模仿，所以游戏化的活动更受他们欢迎。因此，在教学、区域、生活等活动中教师都以游戏化的形式来开展，洗手有儿歌游戏，穿衣伴随音乐游戏，各项集体或小组活动都设有创设游戏和情景游戏。这些游戏更易被幼儿接受和理解，能有效地帮助幼儿养成良好的生活习惯，提高自理能力。

通过主题活动的开展，教师看到幼儿从不做到尝试做、从做不好到能做好的变化。现在孩子可以主动做自己的事，主动帮老师或其他小朋友，越来越独立，越来越有小主人的责任感。

（北京大学附属幼儿园教师：孟帆　李赟　王春雨　梁勤勤）
（北京市海淀区教师进修学校学前教研员：吴采红）

二、哇！蜘蛛·网（中班）

🐝 主题活动由来

一次，在户外散步时，孩子们发现幼儿园的两棵山楂树中间有一个大大的蜘蛛网，网的中心有一只大大的蜘蛛，它圆鼓鼓的身体上有着黄色和黑色的花纹，八条腿又细又长。蜘蛛静静地待在网上，一动不动，好像在等待着什么。

孩子们纷纷议论起来。"看！那只蜘蛛好大呀，它身上还有花纹呢！""蜘蛛待那儿一动不动，它在干什么呢？""蜘蛛在睡觉吧？""蜘蛛在等妈妈回来吗？"孩子们对于蜘蛛和网产生了浓厚的兴趣，围着看了很久不肯离去。

《纲要》指出科学领域幼儿的发展目标之一是对周围的事物、各种现象感兴趣，有好奇心和求知欲。孩子们对蜘蛛萌发了浓厚的兴趣，提出了各种值得探究的问题，教师为了支持孩子们更加深入地探索，开展了"哇！蜘蛛·网"这一主题活动。

🐤 主题活动目标

1. 在探索蜘蛛的活动中体现对蜘蛛等小动物的喜爱和关爱。
2. 喜欢用多种方式观察蜘蛛，寻找并了解有关蜘蛛及网的知识。
3. 在探究有关蜘蛛的一系列问题中，提升观察、比较、猜测、验证问题的能力。

4. 利用观察蜘蛛、饲养蜘蛛等多种探究活动，提高探究能力和解决问题的能力。

5. 从蜘蛛的习性中感受蜘蛛认真、勤劳、坚持不懈的精神。

主题活动网络图

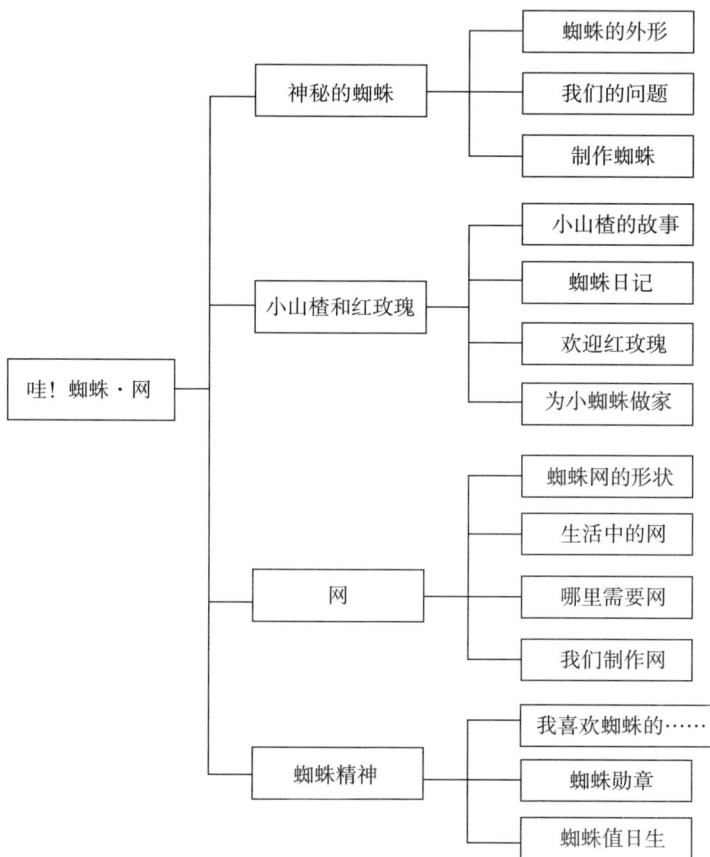

```
                              ┌─────────┬─── 蜘蛛的外形
                              │ 神秘的蜘蛛 ├─── 我们的问题
                              │         └─── 制作蜘蛛
                              │
                              │           ┌─── 小山楂的故事
                              │ 小山楂和红玫瑰 ├─── 蜘蛛日记
                              │           ├─── 欢迎红玫瑰
          哇！蜘蛛·网 ─────────┤           └─── 为小蜘蛛做家
                              │
                              │       ┌─── 蜘蛛网的形状
                              │   网   ├─── 生活中的网
                              │       ├─── 哪里需要网
                              │       └─── 我们制作网
                              │
                              │         ┌─── 我喜欢蜘蛛的……
                              │ 蜘蛛精神 ├─── 蜘蛛勋章
                              └─────────┴─── 蜘蛛值日生
```

主题活动过程

活动一：观察蜘蛛（集体教学）

【活动目标】

1. 能够主动观察蜘蛛，发现蜘蛛的生长变化，分享观察的乐趣。

2. 能大胆提出问题，并说出初步的猜想。

【活动过程】

1. 观察蜘蛛。

孩子们在幼儿园的两棵山楂树中间发现了一只大蜘蛛，这个大蜘蛛引发了他们强烈的好奇心。每次户外活动的时候，孩子们总会驻足观察："看！它身上有花纹，是黄色和黑色的。""它的腿真长。"孩子们还发现蜘蛛在两棵山楂树之间结了一张大大的网，它有时候趴在网上一动不动。"蜘蛛在干什么呢，怎么都不动？""它应该在睡觉吧。""蜘蛛网是蜘蛛织的吗？""它是怎么织网的？"

2. 为蜘蛛取名字。

孩子们对蜘蛛非常感兴趣，每次观察总是不舍得离去，教师趁机提议："你们这么喜欢小蜘蛛，愿意给小蜘蛛取个好听的名字吗？"孩子们听后特别高兴，他们争先恐后地给小蜘蛛取名字："叫它'大大'吧，因为它很大。""它身上有花纹，叫它'花花'吧。""不不不，叫它'小山楂'，因为它喜欢山楂树。"

孩子们经过投票决定，最终给蜘蛛取名为"小山楂"，孩子们都非常喜欢这个名字。

3. 蜘蛛观察员。

只要孩子们想去看"小山楂"，教师都会支持孩子们的想法。可是在户外活动的时候，他们既想观察小蜘蛛又想玩游戏。经过讨论，大家决定每天请两位小朋友担任蜘蛛观察员，去观察"小山楂"的情况，之后向大家汇报。

【教师思考】

《纲要》指出："关注幼儿所关注的事物和现象，保护幼儿的兴趣和好奇心，要抓住各种适宜的机会鼓励和满足幼儿探索的需要。"孩子们在无意间发现的蜘蛛引起了他们极大的兴趣，这对于他们来说是一次很好的学习、探索机会，对老师来说更是良好的教育契机。教师及时关注到幼儿的探究欲望，理解并接纳了他们的探索行为，允许他们在户外活动或过渡环节等时间去观察蜘蛛。当观察"小山楂"与其他时间冲突时，老师给予孩子们自己解决问题的空间，并尊重他们的不同想法，支持他们担任"蜘蛛观察员"，鼓励他们分享观察结果，从而引发孩子对小蜘蛛持久的兴趣和持续的探究行为。

活动二：不同的小蜘蛛（集体教学）

【活动目标】

1. 了解蜘蛛种类的多样性，对不同的蜘蛛感兴趣。

2. 在观察、对比中发现并描述蜘蛛的外形特征。

【活动准备】

各种蜘蛛的图片。

【活动重难点】

观察比较蜘蛛的外形特征。

【活动过程】

1. 调动幼儿的已有经验，回忆"小山楂"的外形特征。

孩子们自从发现"小山楂"后对蜘蛛产生了浓厚的兴趣，他们每天都去观察"小山楂"。通过多次观察，孩子们对"小山楂"的外形特征非常熟悉了。

教师：前几天我们在院子里发现了"小山楂"，"小山楂"长的什么样？

幼儿：它身上有黑色和黄色的条纹。

幼儿：它肚子长得像个鬼脸。

幼儿：它有细细的腿。

2. 观看各种蜘蛛的图片，发现不同蜘蛛的外形特征。

教师：全世界有很多种蜘蛛，我们一起来看一看它们长得是不是一样。

鼓励幼儿观察图片中小蜘蛛的外形特征并描述出来。引导他们观察每一种蜘蛛的身体、腿、颜色、大小等外形特点，并发现蜘蛛八条腿的共性。

3. 分享感受，总结蜘蛛的外形特点。

教师：今天我们看到这么多种小蜘蛛，你们有什么认识和感受吗？

请小朋友们说一说自己的认知和感受，之后小结。

小结：原来世界上有这么多不一样的蜘蛛，他们的颜色、花纹、大小各不相同，但他们有一个共同的特点——都是八条腿。

教师：请你们去找一找，是不是所有的蜘蛛都是八条腿呢？

【教师思考】

本次活动从讨论幼儿熟悉的"小山楂"的外形特征开始，然后观察并讨论各种蜘蛛的外形特征。通过细致地观察比较，孩子们发现了蜘蛛种类的多样性，并尝试用语言表达自己的发现。孩子们在观察比较中提高了探究能力，激励他们进一步探究发现不同种类的蜘蛛。活动结束时，教师提出"是不是所有的蜘蛛都是八条腿"的问题，引导幼儿对自己的想法进行验证，培养幼儿的科学精神，体验探究的快乐。

活动三：我们来制作网（区域游戏）

【与主题相关的区域】

美工区。

【投放材料】

毛线，自制酸奶盒，编织器，毛根，用三根筷子固定好的网架。

【游戏过程】

一天，蜘蛛观察员发现大风把"小山楂"的网刮破了，孩子们都很担心。可是，第二天他们发现聪明的小蜘蛛又把网补好了，而且补好的网和以前的一样漂亮，一点儿都看不出破损的样子。

乔乔问："老师，我们也能织网吗？能织得和'小山楂'一样漂亮吗？"在他的问题引导下，教师和孩子们共同查阅了有关蜘蛛网的资料并讨论织网方法，尝试织网。杉杉说："可以用毛线来织网。"笑笑指着一个用三根筷子绑好的架子说："我找到了织网的方法，可以在架子上织网。"

孩子们根据美工区投放的材料，根据自己的兴趣尝试编织。

杉杉在家发现妈妈用毛线织围巾的方法，织出来的围巾像网一样又好看又保暖。于是，教师根据杉杉的描述引导幼儿用酸奶盒制作了编织器，并把编织的步骤图贴在了编织器上，方便幼儿学习与操作。孩子们编织的兴趣很浓，纷纷加入其中，有的想编织一条围巾给小蜘蛛，还有的想编织一条围巾送给妈妈。

【教师思考】

在观察蜘蛛的过程中，教师尊重幼儿的想法，支持鼓励他们进行主动探究。同时借助家长资源，请父母与孩子共同搜集幼儿感兴趣的织网方法，并适时在班级中分享不同的编织方法以便幼儿保持对编织持久的兴趣。兴趣是最好的老师，也是引发幼儿积极探索和学习的基础。老师要保护幼儿的学习兴趣，给予幼儿物质、精神上的支持，满足他们的探索愿望。

活动四：筛豆子（区域游戏）

【与主题相关的区域】

科学区。

【投放材料】

大小不同的器皿，样式不同的筛子（各有编号），各种豆子和大米（红豆和大米一起放在透明箱中，黄豆和绿豆一起放在透明箱中）。

【游戏过程】

幼儿非常喜欢玩筛豆子的游戏。开始，他们只是通过自由操作探索不同筛子的玩法，并了解到筛子可以筛东西的特性。渐渐的，他们发现筛子的孔大小不同，筛出的豆子是不同的，大孔筛子能筛出较大的豆子，小孔筛子筛出的豆子比较小。他们喜欢尝试使用不同的筛子筛出自己想要的豆子。

最初幼儿对倒豆子非常感兴趣，他们将豆子从一个器皿倒到另一个器皿，反复感受倾倒的流动性和声音。为了让幼儿进一步感知豆子的特性，教师为幼儿提供了几个大盆，每个大盆里放一种豆子请幼儿筛豆子。在筛豆子过程中，幼儿发现同一个筛子在筛不同的豆子时，大豆子会留在筛子里，小豆子被筛了出去。

根据幼儿的发展需要，教师为幼儿提供了同时有两种豆子的箱子，幼儿在探索中发现可以用筛子将豆子区分开。

【教师思考】

蜘蛛网引发了幼儿对筛子的探索，在探索过程中教师根据幼儿的发展水平提供相应的游戏材料，以支持鼓励他们主动探索。幼儿在接触新游戏时兴趣会随着探究能力的提升而改变，教师要敏锐地观察幼儿的最近发展区，给予适时的支持，引导他们进一步探索。

活动五：为小蜘蛛设计家（区域游戏）

【与主题相关的区域】

建筑区。

【投放材料】

实心积木，空心积木，蜘蛛玩具，为蜘蛛设计的家的图纸，万能工匠，绳子。

【游戏过程】

天气渐渐凉了，一连刮了几天的大风，蜘蛛观察员发现"小山楂"的网被刮破了，小朋友都为"小山楂"担心，它没了家在哪里睡觉呀？幼儿想在班级里为小蜘蛛搭建一个暖暖的家，于是他们开始为蜘蛛设计家，有的小朋友设计的是蜘蛛形状的家，他们觉得小蜘蛛一定很喜欢；有的小朋友设计的是树叶形状的家，他们觉得这样就像在大自然里一样；还有的为小蜘蛛设计了楼房样子的家，他们希望更多的蜘蛛住进来，不会因为寒冷而死去。

同同和宜宜打算为小蜘蛛设计一个秋千形状的家，东东和衿衿想在旁边给小蜘蛛搭一个蜘蛛警察局。秋千楼房搭好了，可是蜘蛛警察局离大楼太近了，没办法再搭建秋千了怎么办呢？孩子们经过讨论决定把蜘蛛警察局平移为秋千腾出位置。

【教师思考】

以往的建构区搭建比较注重搭建的技巧、方法，以及幼儿搭建的态度等。随着这一主题活动的开展，孩子们在懂得生命珍贵的同时更学着去关爱他人，他们将自己对小蜘蛛的爱融入了搭建之中。无论为小蜘蛛设计什么样的房子，他们的设计灵感都是站在小蜘蛛的角度去考虑问题的。围绕这一思路，孩子们的搭建思路打开了，他们都成了暖心的建筑师。

活动六：饲养"红玫瑰"（区域游戏）

【与主题相关的区域】

自然角。

【投放材料】

智利蜘蛛，喂食记录表，"红玫瑰"资料，面包虫，放大镜，小蜘蛛的家。

【游戏过程】

1. 寻找"小山楂"。

一连几天，孩子们都没有看到"小山楂"，他们十分着急，到处寻找"小山楂"，但是找了几天都有没找到。"小山楂"到底去哪儿了呢？有的小朋友向爸爸妈妈请教，还有的小朋友查找了资料……最终，孩子们通过多种途径了解到"小山楂"这类吐丝结网的蜘蛛到冬天就会死去。"小山楂"不见了，它可能死了，孩子们非常伤心。

2. 新客人"红玫瑰"。

一天，和和带来了一只来自智利的蜘蛛，它的名字叫"红玫瑰"。"红玫瑰"的出现让孩子们万分惊喜。他们每天一有时间就到自然角去观察"红玫瑰"。"'红玫瑰'可真大呀！""比'小山楂'还要大！""看！它在动，它的身上全是毛。"教师问大家："'红玫瑰'有眼睛吗？"孩子们拿来放大镜仔细地观察："看，它头上那个黑点点是不是它的眼睛？"……

"红玫瑰"的到来弥补了孩子们失去"小山楂"的遗憾，又重新燃起对蜘蛛的探究欲望。

3. 照顾"红玫瑰"。

"小山楂"不见了，他们决定好好照顾"红玫瑰"。可是照顾蜘蛛和照顾人一样吗？要怎么照顾呢？孩子们关心地问和和："'红玫瑰'吃什么呀？我们要怎么照顾它呢？"为此，和和查阅了"红玫瑰"的相关资料，向孩子们介绍了"红玫瑰"的习性和喂养方法，并把找到的资料放在自然角供小朋友们阅读。和和还特别提醒小朋友："'红玫瑰'身上很多的毛是用来保护自己的，大家不要用手去碰触，不然会被它扎到的。"

有的小朋友问："'红玫瑰'会结网吗？"面对这个新的问题，大家又去查找资料，得知："'红玫瑰'不会结网，到了冬天也不会死去。"

和和告诉大家："'红玫瑰'吃面包虫，10 天喂一次，一次喂 2 条就够了。"

4. 喂食记录表。

孩子们很想知道"红玫瑰"吃东西的样子，也担心"红玫瑰"挨饿，所以大家一有时间就跑去喂它，有时一天喂'红玫瑰'6 条面包虫。和和告诉大家："不能再喂了！10 天才喂一次呢！一次只能喂 2 条面包虫，喂得太多，它会生病的。"可是，理解"10 天"这个概念对于中班的孩子来说太抽象了，怎样才能记录喂食的日期呢？孩子们展开了讨论。有的孩子提议说："老师，您给我们准备一张纸吧！每过一天我们写一个数字，写到10的时候就喂一次。"教师支持孩子们的想法，为他们准备了纸张和笔。

但在实施中又出现了问题，孩子们记录时经常出现大家重复记录的现象，喂食的时间还是不对。教师再一次请小朋友们想办法，孩子们商议后请求老师给他们准备一个日历，每天按照日期记录就不会错了。这时，新的问题又出现了，日子明确了，怎么知道哪天要喂食呢？孩子们经过讨论决定数10天就贴一个笑脸，表示在那一天喂食，然后再数10天再贴一个笑脸再喂食。就这样一张科学的"喂食记录表"诞生了。

【教师思考】

孩子们通过照顾和观察"红玫瑰"，了解到更多关于"红玫瑰"的知识。比如：红玫瑰怕水、怕阳光直射，红玫瑰是不能织网的蜘蛛所以不会在冬天死去。孩子们在观察中不断积累关于蜘蛛的知识，同时他们也学会了自主查阅资料、解决问题。如在制作喂食记录表时，教师并没有急于给孩子直接可用的记录表，而是鼓励他们按照自己的想法去尝试。在不断探索中，孩子们了解了日历的用途，了解了时间概念，明确了大家需要共同遵守的规则。

活动七：为"红玫瑰"做家（区域游戏）

【与主题相关的区域】

美工区。

【投放材料】

压花机，剪刀，彩纸，铃铛，胶泥，毛线，冰棍棒，贝壳，亮片，松果，果子，树枝，树叶，彩色珠子，绳子，毛根，水果网。

【游戏过程】

"红玫瑰"曾经生活在智利的野外，它现在的"家"是一个透明的塑料盒，孩子们觉得这一定不是"红玫瑰"喜欢的"家"，他们想为"红玫瑰"设计、制作一个它喜欢的家。

　　于是，孩子们在美工区开展了为"红玫瑰"制作新家的活动，他们从废旧箱里选了一个纸盒作为"红玫瑰"的家，因为他们知道"红玫瑰"怕光，纸盒能为它遮光。接下来孩子们开始为"红玫瑰"布置家，他们从户外捡来了很多树叶，将其铺到纸盒里。为了给"红玫瑰"建设一个舒适的"家"，孩子们纷纷献策：轩轩用冰棍棒制作"红玫瑰"家的围栏，用来保护"红玫瑰"；佳伊用胶泥在"红玫瑰"的家里粘了很多亮闪闪的星星，希望"红玫瑰"可以美美地睡上一觉；季好在扇贝壳上制作了胶泥小蜘蛛，她觉得"红玫瑰"有了伙伴就不会觉得孤单了；纪元用纸筒制作了望远镜，希望小蜘蛛能够看到远处美丽的风景；天气凉了，杉杉怕"红玫瑰"冷，打算给"红玫瑰"织一床小被子……

【教师思考】

　　通过为"红玫瑰"制作"家"，孩子的爱得到了表达。他们都有自己的想法，能够试着体会"红玫瑰"的心情，为"红玫瑰"制作贴心的、充满爱心的家。这一区域活动激发了孩子们的创作热情，引导他们积极思考、大胆创作，用各种方式表达对"红玫瑰"的感情。

活动八：颁发蜘蛛勋章（区域游戏）

【与主题相关的区域】

生活区、美工区。

【投放材料】

各种颜色的蜘蛛勋章（黄色代表爱动脑筋，红色代表勤劳，蓝色代表会保护自己，绿色代表认真，白色代表关心别人），"蜘蛛精神"墙饰。

【游戏过程】

1. 制作勋章。

孩子们非常善于学习，他们真正爱上了小蜘蛛，更爱上了小蜘蛛的优秀品质。随着对蜘蛛认识的不断深入，孩子们也发现蜘蛛身上有很多值得他们学习的地方，为此教师和孩子们一起制作了蜘蛛勋章，鼓励孩子们自主学习的行为。

如在"为'红玫瑰'做家"的讲评环节，教师首先引导孩子发现"红玫瑰"家的变化，并以采访的形式引导制作者介绍自己的创意初衷。季好的创意是给小蜘蛛的脚穿上鞋子，笑笑的创意是让小蜗牛作为小蜘蛛的伙伴……孩子们的奇思妙想得到了同伴的肯定，大家都觉得这些小朋友都特别爱动脑筋，于是教师请"红玫瑰"的主人为他们颁发了黄色的蜘蛛勋章。

2. 值日之星。

利用值日环节，班级开展了蜘蛛值日生活动，培养幼儿的自我服务意识和为他人服务的意识，认真做好值日的小朋友能获得"认真勋章""勤劳勋章""动脑筋勋章"等。

在每天的餐前活动中，值日生要为大家分好餐具，摆放餐巾纸……做好餐前准备。每天接园前，孩子们会选出当天的"值日之星"。

3. 师生关爱。

每天的晨检活动，医生阿姨会用粉笑脸和黄笑脸勋章来提示班级身体有恙的孩子。班级里也设计了"粉笑脸"，用来提示小朋友多喝水。值日生常常会在喝水环节主动提示"粉笑脸"的小朋友多喝水，他们还会把接满水的水杯递给老师并提醒老师多喝水，一枚小小的笑脸勋章唤起了师生之间关爱。

每天颁发勋章的环节都是一个隆重的小仪式，大家一起哼着歌，孩子们有的指挥，有的模仿演奏乐器的动作和声音，用独特的方式为获得勋章的小朋友庆祝。这些勋章在每周的星期五可以兑换玩具或获得借书回家的机会。同时，家长也可以通过每周勋章的数量以及勋章的颜色了解幼儿在园的不同表现，并给予他们针对性地支持和帮助，从而使家园共育更为有效。

【教师思考】

小蜘蛛身上有认真、坚持、勤劳的好品质，但这些品质对孩子们来说太抽象了，在每天的讲评环节中，我们将小朋友身上的好品质结合具体实例分享给大家，久而久之孩子们知道了什么是认真、什么是爱动脑筋、在遇到困难时应该怎样做……

蜘蛛勋章可以兑换玩具或借书回家的机会，这种鼓励方式营造了积极向上的良好班级氛围。

活动九："小山楂"去哪儿了（集体教学）

【活动目标】

1. 对"小山楂"去向进行思考并展开讨论，拓宽思维，为创编图书做准备。

2. 在创编图书的过程中，了解图书的主要内容和基本构成要素。

3. 能积极思考、大胆想象，并敢于当众表达自己的想法。

【活动重难点】

大胆猜测，并敢于表达自己的想法。

【活动准备】

A4 纸若干，黑板，彩笔。

【活动过程】

1. 大胆想象"小山楂"的去向，共同讨论故事情节。

孩子们对"'小山楂'去哪儿了"展开了讨论。有的说："'小山楂'去非洲旅行了。"有的说："'小山楂'搬家去别的幼儿园了。"还有的说："'小山楂'去森林里找好朋友玩儿游戏了。"

每个孩子对"小山楂"的去向都有着自己的想象。

2. 集体创编故事《小山楂历险记》，共同制作小书。

（1）创编故事。

教师引导幼儿对"小山楂"的去向进行想象并以简笔画的形式记录在纸上。

教师："小山楂"会去哪儿呢？

多多：我想它去非洲了，它去了非洲的森林里。

教师及时画出"小山楂"在森林里的场景。

教师："小山楂"在森林里做什么呢？

海宝：它在玩儿荡秋千的游戏，从一棵树荡到另一棵树上。

教师：小山楂会遇到谁？会发生什么事情呢？

同同：它遇到了一条大蟒蛇，大蟒蛇要吃掉它。

…………

教师跟随幼儿对故事的想象，及时用简笔画的形式记录幼儿创编的内容。

（2）完整欣赏故事。

教师和幼儿一起根据记录的每一页画面讲述故事。

（3）制作小书。

教师：我们要把这个故事制作成一本书，应该怎么做呢？

教师出示一本书，引导幼儿观察书的基本构成要素（封面、封底、扉页、正文、封面上有书名、出版社名称、作者信息等），指导幼儿将记录页按顺序装订好并写上相应的信息：书名为《小山楂历险记》，作者为中五班小朋友及李老师。小书做好了。

3. 完整欣赏小书，引发幼儿自制小书的愿望。

每个人心中都有一个"小山楂"去哪儿的构想，请幼儿再次欣赏自制的小书，引导幼儿根据自己的想法创编精彩的故事，再次制作小书。

教师：每个人心中"小山楂"的故事都是不一样，请你们回家和爸爸妈妈一起创编一本《小山楂历险记》，把自己的想法都画到里面，然后带到幼儿园和大家一起分享吧！

【教师思考】

在集体创编小书的过程中，幼儿积极思考并大胆表述故事，教师支持鼓励他们的想法，并用现场绘画的方式将属于他们的故事及时记录下来。孩子们对图书的基本要素已经有一定的了解，能亲自制作出一本属于自己的图书，他们非常有成就感。活动激发了孩子们对续编故事和制作图书的极大兴趣，回家后又与父母一起制作图书，他们制作的每一本书都是一个精彩的故事。

活动十：分享小山楂的故事（区域游戏）

【与主题相关区域】

图书区。

【投放材料】

教师与孩子们搜集的关于蜘蛛的资料和图书《蜘蛛的日记》《蜘蛛，我的朋友》《苏菲的杰作》《蜘蛛阿南西》《蜘蛛侠爸爸》《蜘蛛小白的秘密》《听蜘蛛讲故事》《忙碌的蜘蛛》等，幼儿和家长共同创编的《小山楂历险记》。

【游戏过程】

1. 分享讨论故事。

孩子们在家和爸爸妈妈一起制作了《小山楂历险记》，拿到幼儿园和小朋友们分享。每一本《小山楂历险记》讲述不同的故事，孩子们将自己的图书拿到图书区和其他小朋友分享自己的故事，一起讨论书中的内容。他们看到哪位小朋友的故事书好看，还会推荐给其他小朋友。

2. 深入探讨问题。

图书区就像一个"蜘蛛图书馆"，当孩子们在观察中遇到问题时，他们便会主动到图书区去查阅资料。如果孩子们没有在图书区找到答案，他们便会把自己的问题在区域讲评中提出来，感兴趣的小朋友都可以一起寻找答案。在第二天的区域活动时，对问题有想法的小朋友会在一起讨论和分享。兴趣是最好的老师，孩子们为探究蜘蛛组成了主动学习的共同体。

【教师思考】

孩子们创编的《小山楂历险记》寄托着对"小山楂"的思念，每一本书都饱含着对"小山楂"浓浓的情感。这些读物激发了孩子们的阅读和讲述热情，在对故事的表达中，他们的阅读能力和语言表达能力都有很大提高。

"蜘蛛图书馆"中的知识类读物和各种绘本能更好地支持孩子们学习和探究。当他们遇到关于蜘蛛的问题时，他们会到"蜘蛛图书馆"去查阅相关的资料主动寻找问题的答案，解决问题。"蜘蛛图书馆"是孩子们根据自己的喜好进行自主探究的场所。

活动十一：评选剧本（集体教学）

【活动目标】

1. 知道投票选举的基本流程，能够根据自己的喜好投票。
2. 能够欣赏同伴的作品并说出投票的原因。

【活动重难点】

能够欣赏同伴的作品并说出投票的原因。

【活动过程】

1. 提出表演故事的想法。

一天，在表演区游戏的小朋友提出："可不可以把我们做的小书中的故事表演出来。"老师非常支持小朋友的做法，但是这么多小书，表演哪一本中的故事呢？孩子们都争先恐后地要求表演自己的。老师引导孩子们了解表演故事要一个一个地来，孩子们经过思考决定投票选故事，哪一个故事的得票率高就先表演哪一个故事。

2. 投票选故事。

教师把每位小朋友创作的小书名称依次写在黑板上，经过投票和计票，依宝的书得到的票数最多。

3. 讨论投票的原因。

教师：小朋友你们是根据什么投票的，为什么要选这本书呢？

幼儿：我喜欢侯博的书，因为他的书里有蜘蛛琥珀，还有很多知识。

幼儿：我喜欢依宝的书，因为她的故事很有意思。

幼儿：我喜欢海宝的书，她的封面有音符，很有音乐感。

孩子们各抒己见，在分享的过程中，大家既了解到其他小朋友对每一本书的看法，又表达了自己的想法，达到了相互学习的目标。

【教师思考】

每个孩子都有最喜欢的一本书，单纯的投票只能从票数上知道最终的结果，哪一本被选中并不重要，重要的是孩子们是如何看待别人的作品的，能否以欣赏和学习的态度去评价别人的作品。在评价过程中，孩子们说明了自己投票的原因，这也为其他小朋友拓展了思路。

活动十二：表演《小蜘蛛历险记》（集体教学）

【活动目标】

1. 尝试根据角色外形特点选择合适的道具进行装扮。
2. 能用肢体和语言大胆表演故事中的内容。

【活动准备】

纱网，纱巾，水袖，各种服装，蛙鸣筒，假发，礼帽，翅膀，蜘蛛玩具等。

【活动重难点】

根据故事内容大胆表演。

【活动过程】

1. 选择角色和服装，尝试根据角色的外在特征进行装扮。

教师：想一想你们要表演什么呢？用什么服装或道具能把自己装扮得符合这个角色？

轩轩：我想戴这个帽子来表演小丑鱼，再配上纱巾。

依宝（敲打着两个矿泉水瓶）：老师，看我表演的是大螃蟹。

壮壮：我想用绿色垫子来表演大树。

彤彤拿着两个蛙鸣筒说：我想当寄居蟹，这是我的大钳子。

墨子：我要用这个翅膀当大鸟，再配上一个小丑帽……

2. 分析角色特点，为表演做准备。

为了让孩子们在表演时更清楚地了解每个角色，请他们简单介绍自己的装扮。

教师：请"小螃蟹们"到前面来，让大家看一看你们的装扮。

宽宽、彤彤、依宝横着爬到前面给大家展示他们的服装。

教师：小丑鱼在哪儿呢？我们看看小丑鱼是怎么游的。（招呼小丑鱼上场，琪琪拿着纱巾"游"了上来……）

孩子们的装扮非常有创意，他们的展示不仅仅是让大家明白了角色，更重要的是相互学习和分享装扮的方法。

3. 表演小剧，尝试运用动作、语言、表情表演故事。

教师做旁白，根据剧本内容引导大家上场。幼儿根据出场顺序及故事内容进行表演。

主题活动反思

每个人都会通过自己的方式表达感情，孩子们通过以上活动表达对"小山楂"的思念。在表演过程中孩子们进一步理解了剧本的含义。连续几天，孩子们在表演区反复练习表演这个小剧，随着他们对自己角色特征的认识、对剧情的熟悉，他们装扮自己的方式有了变化，表演能力也不断提升。教师提倡幼儿个性化的表达表现，在活动中为他们创造了自由、轻松、和谐、积极的环境，支持、鼓励他们自发的艺术活动。

（空军直属机关蓝天幼儿园教师：李嘉玉　邢丽娜　吴华英　尹金娥）
（北京市海淀区教师进修学校学前教研员：李峰）

三、我爱飞机（中班）

主题活动由来

中班的孩子观察能力、比较能力、动手操作能力都有明显的提高，在活动中，他们更乐于亲身体验、动手操作。北京航空航天大学幼儿园地处大学校内，孩子的家长大多从事与航空航天相关的工作。家长们对航空事业的热爱潜移默化地影响着孩子们，他们对飞机特别感兴趣，也了解一些飞机的基本常识。为了满足孩子们对飞机浓厚的兴趣和进一步探究的需求，开展了"我爱飞机"这一主题活动。

主题活动目标

1. 喜欢探究各种各样的飞机，感受飞机与人们生活的关系。
2. 通过观察、比较，了解飞机的功能和结构特征。
3. 能使用不同材料设计并制作自己喜欢的飞机。
4. 愿意参与各种与飞机有关的游戏，体验角色扮演的乐趣。

主题活动网络图

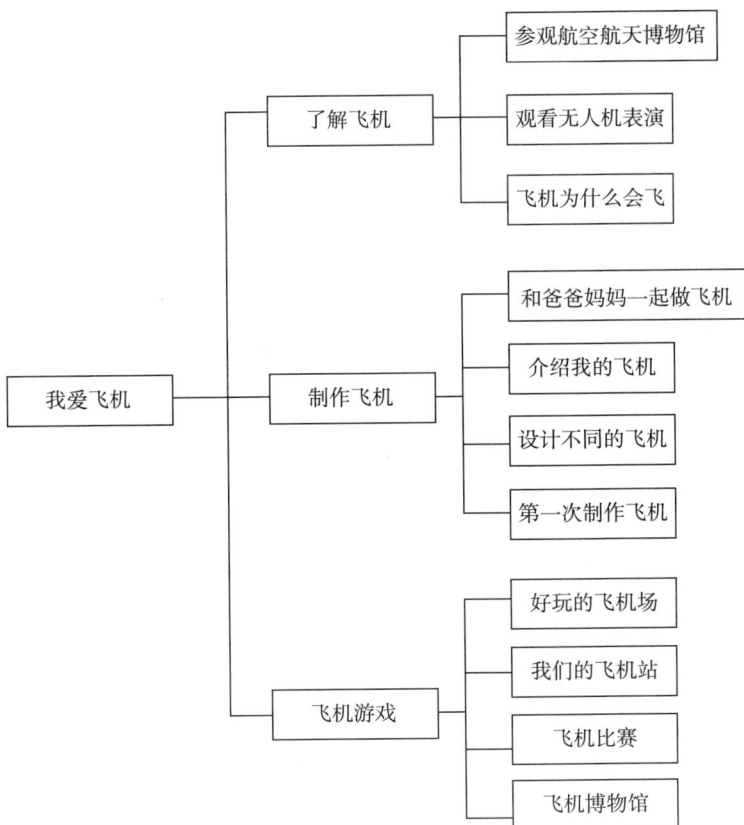

```
                              ┌─────────────────┐
                         ┌────┤ 参观航空航天博物馆 │
              ┌────────┐ │    └─────────────────┘
              │ 了解飞机 ├─┤    ┌─────────────────┐
              └────────┘ ├────┤ 观看无人机表演    │
                         │    └─────────────────┘
                         │    ┌─────────────────┐
                         └────┤ 飞机为什么会飞    │
                              └─────────────────┘

                              ┌─────────────────┐
                         ┌────┤ 和爸爸妈妈一起做飞机│
                         │    └─────────────────┘
              ┌────────┐ │    ┌─────────────────┐
   ┌────────┐ │ 制作飞机 ├─┼────┤ 介绍我的飞机      │
   │ 我爱飞机 ├─┤        │ │    └─────────────────┘
   └────────┘ └────────┘ ├────┤ 设计不同的飞机    │
                         │    └─────────────────┘
                         └────┤ 第一次制作飞机    │
                              └─────────────────┘

                              ┌─────────────────┐
                         ┌────┤ 好玩的飞机场      │
              ┌────────┐ │    └─────────────────┘
              │ 飞机游戏 ├─┼────┤ 我们的飞机站      │
              └────────┘ │    └─────────────────┘
                         ├────┤ 飞机比赛          │
                         │    └─────────────────┘
                         └────┤ 飞机博物馆        │
                              └─────────────────┘
```

主题活动过程

活动一：参观航空航天博物馆（集体教学）

【活动目标】

1. 参观航空航天博物馆，认识各种类型的飞机。

2. 通过观察、谈论，初步了解飞机的外形特征。

【活动准备】

物质准备：北京航空航天博物馆参观路线图。

经验准备：与幼儿一起讨论参观路线、注意事项、参观内容。

【活动过程】

1. 参观航空航天博物馆，引导幼儿体验、观察飞机。

在去航空航天博物馆（以下简称"航空馆"）的路上孩子们兴奋极了，他们一边走一边讨论着要做的事情。"我要去看一看飞机的发动机是什么样子的，我想它肯定比我家的大汽车还大。""我爸爸说让我好好去看一看，里面有国家领导人坐的飞机呢！""我想亲眼看一看战斗机的炮弹是不是有我想的那么厉害……"

面对航空馆里的飞机，孩子们惊叹不已，他们围着讲解员不停地问各种各样问题："飞机是用什么材料做的？""飞机如果在空中没有燃料了应该怎么办呢？会有空中飞机加油站吗？""为什么我坐的飞机没有螺旋桨？""战斗机驾驶员在空中飞行时，谁来指挥他们呢？"

瞧，战斗机！ 看，波音大客机！ 发射！

2. 讨论所见所闻，发现孩子们的兴趣点。

回园的路上，孩子们的话题就更多了。

轩轩：那个黑色战斗机翅膀上有两个螺旋桨，讲解员姐姐说它以前是最厉害的飞机呢！

雯雯：我喜欢我们北航做的飞机，我以后也要做飞机，我妈妈就是北航飞机课的老师呢！

教师说：哇！你们说的飞机都有很大的翅膀，它们有什么不一样的地方呢？

雯雯：有的翅膀尖尖的，有的翅膀圆圆的……

教师：除了有翅膀，飞机还有什么呢？

扬扬：大大的肚子，有的像气球，有的像鲨鱼……

大仁：还有大大的脚丫，就是两个大轮子，讲解员姐姐说它叫起落架。

【教师思考】

在与飞机的零距离接触中，孩子们对飞机的种类、演变等都有了进一步认识，也激发起孩子们深入探究的欲望。在本次活动中，通过有准备地提问，引导幼儿观察、交流、寻找答案，对孩子的兴趣点和问题进行整理，教师发现孩子们最关注的是飞机的外形特征、结构特点和飞行原理，于是创设了与之相对应的活动支持孩子们深入探究。

"我"发现飞机的结构

阅兵场上的飞机

活动二：观看无人机表演（集体教学）

【活动目标】

1. 体验和教师、同伴一起观看无人机飞行的快乐。

2. 能仔细观察飞机升降过程，并大胆提出问题。

【活动准备】

无人机，请北航一名飞机专业的学生来做演示。

【活动过程】

参观航空馆后，孩子们对飞机的兴趣越来越浓，他们想看各种各样的飞机。于是我们请来北京航空航天大学的学生为孩子们进行无人机表演，满足孩子们的心愿。

1. 谈话导入。

教师：孩子们，航空馆里有那么多不同种类的飞机，它们是怎样在空中飞行的呢？

幼儿：机翼、发动机带动飞行，导航系统引导方向……

教师：今天我们请到北航的大哥哥来为我们做无人机表演，你们期待吗？

2. 出示无人机，认识无人机的外部特征。

（1）大学生出示无人机，和幼儿一起仔细观察无人机是由哪几部分组成的？

（2）师幼共同认识无人机的结构和各部位名称。

教师：我们今天认识了无人机，大家先猜一猜无人机是怎样飞行的呢？

幼儿：依靠旋翼转动飞行的，依靠遥控飞行的。

…………

3. 观看无人机表演，猜想飞机的原理和功能。

请大学生哥哥演示无人飞机，幼儿观看。

观看后大哥哥向幼儿介绍无人飞机的结构原理和功能，并重点向幼儿说明无人机模型的螺旋桨在旋转时危险，不能随便碰触。

教师：无人机能帮助人们干什么？它是怎样飞行的呢？

幼儿自由发言，说出自己的想法和见解。

小结：无人机是通过遥控将飞行的信息传递给旋翼，旋翼通过转动使飞机前进或停止。无人机的用途很多，可以用来运输、监控、绘制地图等。

活动三：和爸爸妈妈一起做飞机（家园共育）

【活动目标】

1. 向家长介绍幼儿园主题活动内容。

2. 鼓励家长与幼儿共同制作飞机，能够体现出飞机的主要特征。

【活动准备】

写给家长的信，幼儿活动照片，记录表。

【活动过程】

1. 家园共育。

为了让家长了解近期班级的主题活动，幼儿园在家园联系栏展示了此次主题目标、主题内容及进展、家园互动等内容，便于家长及时了解活动内容，进而请家长协助孩子完成活动。同时，家长也能了解孩子在主题活动中的表现，教师从孩子的角度出发，帮助孩子以自己的口吻给爸爸、妈妈写信，让家长进一步了解孩子在学什么，需要哪些帮助。

2. 演示制作的飞机，交流分享制作经验。

教师请家长协助孩子利用生活中的废旧材料制作飞机，并请家长将做好的

和爸爸一起制作飞机

亲子作品拍照，放在微信群中进行交流。在分享过程中，教师鼓励家长将幼儿的发现和问题记录下来，进一步在班级中探讨。亲子制作交流分享延伸出很多话题，如："客机的行李箱在哪里？""飞机在空中的航线怎样能看到？""战斗机和客机的机翼有什么不同？"

活动四：介绍"我"的飞机（区域游戏）

【与主题相关的区域】

语言区。

【投放材料】

幼儿自制飞机若干。

【游戏过程】

小朋友为大家介绍自己制作的飞机，锻炼语言能力和逻辑思维能力。

小朋友在活动区讨论、展示自己制作的飞机。教师引导："你们和爸爸、妈妈做了什么样的飞机？你们的飞机有什么特征？它有什么本领？谁能介绍一下？"

航航第一个介绍，他高高举起手中的飞机模型对其他小朋友说："这是我和爸爸一起做的无人侦察机！他的颜色是浅蓝色的，它能飞到很高很远的地方去侦察敌情，从来都不会被别人发现，是很厉害的飞机！"

和爸爸一起设计的战斗机

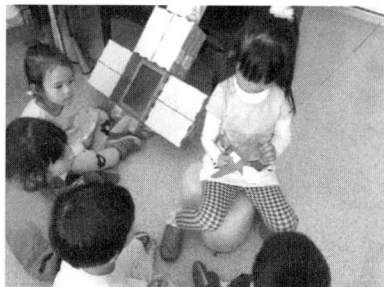

我们北航的无人机

佳音说："我的这架飞机也很厉害，它是空中的警察，专门在空中发现破坏飞机和欺负人的飞机。你再看上面这个圆形的雷达，能发射距离很远的信号。"

【教师思考】

孩子们在语言区交流自己的飞机，教师提出了有关飞机特征、功能的问题，鼓励他们交流、分享经验，调动了他们继续探究的积极性。在家长和老师的陪伴与指导下，孩子们总结出特征较为突出的四类机型：战斗机、加油机、客机、直升飞机，并能用较完整的语句表达不同类型飞机的特点，丰富了他们对飞机的认识。

活动五：飞机为什么会飞（集体教学）

【活动目标】

1. 观察吹球实验，了解吹气能产生升力。

2. 初步了解飞机的飞行原理，产生探索飞机为什么能飞的愿望。

【活动准备】

漏斗若干，球，吹风机，纸条。

【活动过程】

1. 猜想飞机为什么会飞。

教师：飞机为什么会飞呢？

幼儿：因为它有大大的翅膀（机翼）。

幼儿：因为它有发动机。

幼儿：因为飞机有螺旋桨，能带动飞机飞起来。

2. 探索飞机为什么会飞。

实验：将漏斗大口朝上，把乒乓球放在漏斗里，用力向漏斗的小口持续吹气，感受乒乓球被吹起来。

孩子们每人一个漏斗，一个乒乓球，将乒乓球放在漏斗中，和老师一起向漏嘴吹气，看谁的乒乓球升得高。

教师：比一比，谁的乒乓球升得最高？

幼儿：老师的最高，因为你有力气啊！

教师：哪儿来的力气啊？

幼儿：你吹的力气，是从嘴巴吹出来的力气。

教师：把你的手放在嘴巴前，吹气感受一下。

之后，教师做了用吹风机吹动纸飞机的实验，帮助孩子们发现飞机会飞的秘密，即空气流动会产生力，力能让飞机飞得更高更远。孩子们知道了飞机起飞时，机翼与空气摩擦就会产生向上的力——升力，所以飞机会飞。

活动六：设计飞机（区域游戏）

【与主题相关的区域】

美工区。

【投放材料】

绘画纸、彩笔、油画棒、航空知识参考书等。

【游戏过程】

1. 设计客机。

在美工区，佳怡想设计一架客机，它先画了像鸡蛋那么大的机身，接着在机身上画了 3 个窗户。教师引导说："你想一想我们在机场见过的飞机有多少个窗户呢？"佳怡："有很多小窗户，比 3 个多多了！"教师引导她继续思考："那怎样才能画下那么多的窗户呢？"佳怡若有所思地再次握笔画了个像文具盒那么大的机身，说："这样就可以坐很多乘客了。"

2. 设计直升机和客机。

莉莉举着航空知识参考书说："我要设计直升飞机，它圆圆的肚子最可爱了。"她一边说一边在纸上画直升飞机的"圆肚子"，之后添画了机翼，接着又在机翼下方画了根很粗的管子表示加油机管道。元宝在设计战斗机时遇到了困难，于是老师陪她一起翻看航空资料图片。元宝发现战斗机机身小、翅膀大且呈三角形，他认为完全可以用三角形来表示机翼。

在设计飞机时大部分幼儿能大胆想象，并用相适应的线条、形状来表示。

【教师思考】

孩子们能在观察、比较的基础上抓住飞机的基本特征进行表征，如用圆形表示大机身，用三角形表示战斗机的机头、翅膀。根据中班幼儿的年龄特点，教师在相关区域中投放了飞机设计图及相关资料，帮助幼儿学习如何用简单的图形表征飞机的外形特征。在设计飞机的活动中，孩子们在

我们设计的四种基本机型

充分观察、讨论、制作的基础上，能抓住飞机的基本特征与结构进行设计，在老师的陪伴与指导下总结出特征较为突出的机型，并会用简单的线条表示不同类型的飞机。这些都源于孩子们前期丰富的感知经验。

活动七：第一次制作飞机（集体教学）

【活动目标】

1. 了解飞机的基本特征，并能通过不同材料表现相应的特征。

2. 能用多种方法制作飞机。

【活动准备】

物质准备：纸管，木棍，矿泉水瓶，彩色纸，硬纸板。

经验准备：知道飞机的基本结构特征，有设计飞机的前期经验。

【活动重难点】

指导幼儿用多种材料制作不同类型的飞机。

【活动过程】

1. 自愿组合，成立小组。

孩子们讨论后，商讨出了四种想要制作的飞机，即客机、直升机、战斗机和加油机。开始制作时，问题又来了，孩子们有的想参加客机制作，有的想参加直升机制作，有的每种飞机制作都想参加。但是由于时间冲突，只能参与一种飞机的制作，最后孩子们经过考虑根据自己最强烈的意愿结组。

2. 搜集材料，发现特征。

教师：选择什么样的材料能表现你要做的飞机的特征呢？

幼儿：彩色木棍适合做螺旋桨。

幼儿：大瓶子适合做客机的机身，能装很多人。

幼儿：纸盘圆圆的，和直升机的肚子有点像。

3. 大胆制作，表达特征。

客机组收集到纸盘、瓶子和木块三种材料，孩子们为选用哪种材料争执起来，他们都想用自己收集的材料来制作。"瓶子多好啊，可以做客机大大的肚子。""不好，我们应该用纸做飞机，最容易完成。"教师建议大家把每一种想法都试一试。尝试之后，小朋友发现用瓶子做的客机舱门、窗户不好固定，用圆形木块做的客机肚子是长长的不是圆的，用大号瓶子做的客机可以贴上很多小窗户。在反复尝试观察中，孩子们知道了用不同的材料制作出的飞机的不同之处。

①战斗机组

第一次制作的战斗机　　　　为战斗机制作炮管　　　　改用吸管做炮管

②加油机组

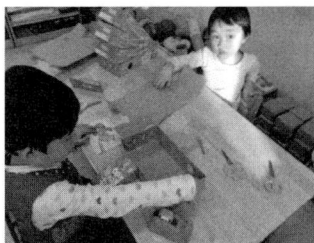

选材料制作加油机机身	为加油机找输油管	加油机机箱做好了

③直升机组和客机组

用管子制作直升机的螺旋桨	为客机制作很多窗户	我的客机有大肚子

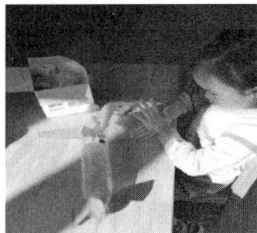

战斗机组的小朋友决定用纸黏土制作飞机，他们认为用纸黏土能捏出来战斗机尖尖的脑袋。加油机组的小朋友决定用酸奶盒制作飞机，他们认为加油机要装很多的油，油箱体积大必须大，酸奶盒能满足这样的要求。直升机组的小朋友要求使用管子积木制作飞机，他们认为螺旋桨用管子积木更容易拼插成。

【教师思考】

活动刚开始时孩子们对分组产生了分歧，通过集体讨论大家提出了自愿组合的方法。在制作过程中，孩子们通过观察、比较能够自主选择材料并用不同的材料表现飞机的基本特征。如：孩子们选择纸盘表现直升机大大、圆圆的身体，用洗衣机管制作飞机的加油管，用很多个酸奶盒拼在一起当作客机长长的身体……丰富的材料、宽松的氛围是支持孩子们自主创作的基础。

活动八：第二次制作飞机（区域游戏）

【与主题相关的区域】

美工区。

【投放材料】

废旧材料：报纸管、牙膏盒、瓶子等。

美工材料：纸、颜料、玩色工具、画笔、彩色木棍、胶棒、胶带机等。

【游戏过程】

1. 做机翼。

扬扬将报纸管取出 3 根，按照长短长的顺序将其排列整齐，并用胶带将它们粘在一起表示飞机的机身。然后，她将 2 根报纸管分别倾斜 30 度安装在"机身"两侧，形成三角形机翼。

2. 做机身。

佳音用牙膏盒做成"机身"，再取彩色木棍交叉成"×"形，贴在"机身"前面做螺旋桨，接着将两个彩色木棍分别横着固定在机身的上下部做机翼，最后用同样的方法做"尾翼"，做好后，她请来小伙伴一起欣赏，介绍说："这是莱特兄弟号飞机。"

曦曦用超轻粘土搓出圆柱体，又取出小块粘土依次粘在圆柱体上，"这是客机的窗户。"接着她取出一块粘土使劲儿压成薄饼状并剪成长方形，将它黏在"机身"尾部。"这是尾翼，就差翅膀了。"曦曦尝试着用拇指和食指构成一个角，把超轻粘土放在这个角中，捏出三角形将其粘在"机身"两边，"客机完成啦！"

【教师思考】

为了支持孩子们制作飞机，教师和孩子们一起收集牙膏盒、瓶子、报纸等材料，并投放在美工区。在第一次制作飞的基础上，孩子们积累了更加丰富的经验，能仔细观察所选材料的特征并与飞机特征进行关联，如：彩色木棍交叉成"×"形就像螺旋桨，垂直摆放成"十"字形就像机翼。在制作中，孩子们能够抓住飞机的典型特征，选择适当的材料进行设计制作。

活动九：我们的飞机站（区域游戏）

【与主题相关的区域】

角色区。

【投放材料】

废旧大纸箱做成的接待台、安检箱，纵向摆放儿童椅做成机舱座椅，纸板做成的安检棒，泡沫塑料板做成的飞机转盘，塑料小推车，机长、空姐、服务员等角色挂牌。

【游戏过程】

虫虫当机长、瑶瑶当空姐，他们两人站在招待台前热情地招待小乘客。

"欢迎您乘坐本次航班，请您更换登记牌。"小乘客们有序地更换登记牌。"请您进行安检，请您踩在脚印上。"空姐瑶瑶举起安检棒帮每一位小乘客扫描全身。机长虫虫热情地说："飞机马上就要起飞了，本次航班飞往法国巴黎，请您系好安全带。"空姐马上走到每位小乘客前进行安全带指导和检查……

"乘客们，大家好，本次航班为大家准备了可口的饭菜、果汁，请您在座位上等待，我们将会为您提供最好的服务。"空姐为乘客送来了"饼干""煎蛋""糖果"等，而这些美味都是孩子们亲手制作的。

【教师思考】

伴随着孩子们对飞机的持续探究，他们希望能在班级里建一个飞机站，玩各种与飞机有关的游戏。因此，教师在班级门口的楼道里创设了一个充满情趣的儿童飞机站，飞机站里有较为逼真的"安检棒""接待台"

"飞机转盘"等，这些材料又引起幼儿角色扮演的兴趣。飞机站还提供了彩纸、盘子、纸杯等多样化的材料，支持幼儿自主探究。

在游戏中，教师和孩子们一起制定游戏规则，讨论遇到的问题，如：小乘客如何乘坐飞机，机长、空姐怎样为大家服务……游戏时孩子们更愿意遵守自己制定的游戏规则，玩起来兴趣更浓厚。

活动十：飞机比赛（集体教学）

【活动目标】

1. 观察、比较、发现不同质地的纸飞机的飞行情况，了解纸的材质对飞行距离的影响。

2. 能够用符号记录自己的发现，并大胆表达。

【活动准备】

物质准备：幼儿每人用 A4 复印纸、A4 卡纸、A4 牛皮纸折三只纸飞机（折的方法相同），记录单，测量线。

经验准备：幼儿有折飞机、玩飞机的经验。

【活动重难点】

重点：引导幼儿观察、比较不同质地的纸飞机在空中飞行的距离，发现纸飞机质地与飞行距离的关系。

难点：指导幼儿观察、比较纸飞机飞行的远近，并用符号记录。

【活动过程】

1. 情景导入。

教师：大家都折了三种纸飞机，你们还记得自己是用什么纸折的吗？摸一摸、掂一掂，你们能发现它们有什么不同？

2. 探索不同纸飞机的飞行情况并探索记录方法。

教师：小朋友，我们一起来玩纸飞机，比一比哪一只飞得远、飞得高好吗？

指导幼儿投掷三只不同质地的纸飞机,看一看哪一只飞得远,鼓励幼儿大胆表达自己的想法,引导他们思考"远""近"的记录方法。

幼儿发言后,教师小结:可以用一条线表示,远的就画长一点,近的就画短一点;也可以用圆圈表示,如果飞得远就多画一些圆圈,如果飞得近就少画一些圆圈;还可以用点点表示,点点多就代表飞得远,少就代表飞得近。

教师:哪一只纸飞机飞得最远?哪一只纸飞机飞得最近?飞得最远的纸飞机是用什么纸做的?它是轻还是重?飞得最近的纸飞机是什么纸做的?它是轻还是重?

3. 户外飞机比赛。

在户外飞机比赛中,孩子们发现要想使纸飞机飞得远,不仅投掷的姿势要正确,还要顺着风的方向飞。

飞机比赛开始啦!

4. 小结分享,提升经验。

①教师出示集体统计表,小朋友们一起统计哪种飞机飞得最远。

②讨论:为什么有的纸飞机飞得远,有的飞得近呢?你们发现制作它们的纸有什么不同?什么样的纸更适合做飞机?

③小结:小朋友发现 A4 复印纸折的飞机轻薄,飞得距离最远,非常适合折纸飞机。

 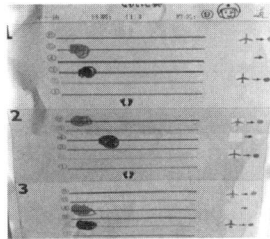

我的猜想　　　　　　我的验证　　　　　　我的记录

活动十一："飞机"博物馆（区域游戏）

【与主题相关的区域】

语言区。

【投放材料】

自制飞机若干。

【游戏过程】

1. 展台诞生。

小朋友非常希望将自制的飞机展示给小班的弟弟妹妹看，但随处摆放的"飞机"既不整齐也不美观。怎样展览"飞机"呢？文文说："艺术馆的展览都是在展台上进行的，我们应该做个展台。"于是大家一边搜集材料一边讨论制作展台的方法，孩子们一致认为将多个一样尺寸的酸奶盒粘在一起就能做成一个展台。

经过大家的努力，多个酸奶盒粘在了一起，于是一个细细长长的展台诞生了。孩子们欢呼雀跃地将"飞机"摆放在展台上，但是摆上之后，效果却没有想象的好，因为展台太小，不能摆下所有的"飞机"。

2. 分类摆放。

第二天，"怎样摆放下所有的飞机"的问题依然没有解决。教师引导孩子们问："艺术馆里的展架和我们的展架有什么不一样呢？"铭铭说："他们的展架像楼梯，一层一层的，我们的展架只有一层。"孩子们深受启发，开始尝试制作阶梯展架。孩子们抓住了展架的特征——一层比一层高，为了达到这样的效果，他们找来更多酸奶盒，一层一层地垒起来。很快，像楼梯一样的阶梯展架做成了，小熊提议将"飞机"分类放在不同的层次中，于是孩子在第一层放了"战斗机"，第二层放了"客机"，第三层放了"加油机"，第四层放了"直升机"。"飞机"展架完成了，孩子们对自己的创作非常满意。

选择材料做展架　　　　第一次制作的展架　　　　第二次制作的展架

3. 学习讲解。

第三天，"怎样讲解飞机"的问题又摆在大家面前。于是教师带着孩子们听了大班幼儿在科学走廊里的讲解，帮助孩子们了解什么是讲解、怎样进行讲解。听完后大家进行讨论，并总结出四个要点：讲解时要面对观众，发音要准，语速要慢，要熟记讲解词。孩子们根据这四点去练习，有了很大的进步。做了充分的准备后，讲解时孩子们能自信地面对"小观众"有条理地讲解，得到了"观众"的一致好评。慕名而来的"小观众"越来越多，班级真正变成了"飞机"博物馆。

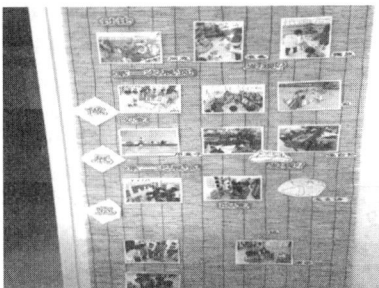

完美的讲解　　　　　　　　　做展览全过程

【教师思考】

在活动中，孩子们遇到了一系列问题，如："飞机无次序地堆放不好看""场地太拥挤""不会讲解"等问题。面对这些问题，教师并没有直接给出答案，而是鼓励孩子们尝试自己解决。通过观察、讨论、实践，孩子们将这些问题一一解决，并在解决问题的过程中积累了丰富的经验，感受到成功的自信与快乐。

🌈 主题活动反思

这一主题活动在挖掘园所独特的优势资源基础上，从孩子们的兴趣出发，发挥家长的特长，帮助孩子获得丰富的感知经验。整个主题活动在参观、实验、探索中进行，孩子们在设计飞机、制作飞机、玩飞机等游戏中学会了主动观察、提问、思考和动手，通过探索与体验感受到了成功的喜悦。

（北京航空航天大学幼儿园教师：边晶　彭博　刘冬梅　许婕　江欣如）
（北京市海淀区教师进修学校学前教研员：李峰）

四、乐在"棋"中 （大班）

✳🐝 主题活动由来

开学初，班级新设的棋类游戏区吸引了大多数幼儿，新鲜有趣的游戏棋激发了他们浓厚的兴趣。在孩子们玩棋的过程中，教师也发现了一些问题：有的幼儿不会玩，有玩棋经验的幼儿不知道如何教想学的同伴，想要学棋的小朋友又不知道在玩棋的过程中应该遵守哪些最基本的规则等。从幼儿对棋类游戏的兴趣，以及幼儿想玩却不太会玩的矛盾中，教师看到了棋类活动所蕴含的教育契机与价值，由此开展了这一主题活动。

🌱 主题活动网络图

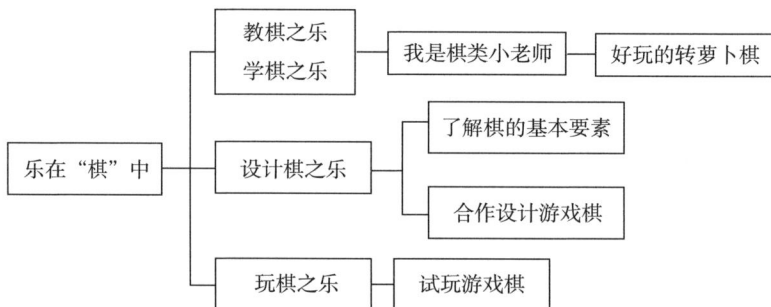

```
                    教棋之乐 ── 我是棋类小老师 ── 好玩的转萝卜棋
                    学棋之乐

乐在"棋"中 ─────── 设计棋之乐 ──┬── 了解棋的基本要素
                               │
                               └── 合作设计游戏棋

                    玩棋之乐 ── 试玩游戏棋
```

🐤 主题活动目标

1. 知道棋的基本构成，了解每一种棋都有各自的规则，在教棋、学棋的过程中掌握玩棋的基本规则与方法。

2. 在教棋、学棋、设计棋的过程中，乐于与同伴交流、讨论、分享，积极思考并尝试解决游戏中出现的问题并能够接纳他人的建议。

3. 积极主动地与他人合作设计棋，享受合作以及与同伴玩棋的乐趣，丰富交往策略，提高与他人相处、共同学习的能力。

✈ 主题活动过程

活动一：我是棋类小老师（集体教学）

【活动目标】

1. "小老师"能够用较连贯、完整的语言向他人介绍"游戏棋"的玩法及规则，"学棋者"能够认真倾听，敢于提出自己的问题。

2. "学棋者"能大胆尝试，及时和"小老师"沟通并解决下棋过程中出现的问题。

3. 进一步提升自主意识、合作意识、解决问题的能力。

【活动准备】

经验准备：幼儿对游戏棋有一定的了解，部分幼儿有下棋的经验。

物质准备：各种游戏棋。

【活动重难点】

重点：掌握各类游戏棋的基本规则及玩法，愿意参与小组活动。

难点：敢于提出自己发现的问题并积极解决问题。

【活动过程】

1. 回顾介绍游戏棋的步骤，讨论活动注意事项，引出主题。

（1）教师发起话题，请幼儿讨论。

教师：今天有几位小朋友带来了游戏棋想要和大家分享，我们分成几个小组，请每组分别为我们介绍好不好？

关键提问：老师在介绍班级区域中的游戏棋时，介绍了哪些内容？如果让你来介绍，你将如何介绍一款游戏棋呢？首先介绍什么？然后介绍什么？作为小老师，需要注意哪些事情？还要注意哪些问题？学棋的小朋友需要怎样做？要注意哪些问题？

（2）幼儿讨论后教师小结。

小结："教棋者"和"学棋者"需要明白自己的角色定位，遵守下棋规则，学习时大家要一起努力，才能顺利地完成教棋过程。

2. 引导幼儿分小组活动，鼓励他们大胆尝试、相互交流。

（1）介绍游戏棋。

① 幼儿根据自己的兴趣，自主选择小组进行活动。

"小老师"介绍游戏棋相关名称、内容、玩法、规则等。

② 教师引导幼儿讨论、交流，并在此过程中给予幼儿适当的指导与帮助。

提示幼儿在介绍游戏棋的过程中如果有不明白的地方，要在不影响"小老师"介绍的前提下多提问。

（2）尝试与体验。

①"小老师"教授玩法后，每组小朋友们之间自由组合（两人或多人），尝试并体验游戏玩法。

②观棋的小朋友尽量不要打扰下棋的小朋友，做到观棋不语。

③下棋过程中有任何问题都可以向"小老师"或老师寻求帮助，"小老师"及时给予指导。

教师在活动过程中，根据幼儿的表现及小组合作的情况灵活组织。

3. 帮助幼儿梳理活动经验，鼓励幼儿分享自己的感受。

（1）分享感受，请"小老师"和"学棋者"分别说一说自己的感受。

关键提问：在活动过程中发生了哪些有趣的事或棘手的事？在事情发生时，你是怎么想的？又是如何解决问题的？

（2）总结经验，请幼儿说一说在教棋过程中有哪些地方还需要注意？教师帮助幼儿简要并有条理地梳理本次活动中教棋与学棋的经验。

【教师思考】

通过这一活动幼儿了解到各类游戏棋的名称、组成、基本玩法及规则，也能按照自己喜欢的方式介绍、学习相关的内容，在教与学的互动中发现问题并尝试解决问题。幼儿初次尝试小组讲述游戏棋的活动，这种较正式的小组间互动学习模式，不仅是一次新的尝试，也是一次挑战。教棋者准备什么？怎么讲？遇到问题怎么解决？学棋者重点听什么？怎么和"小老师"互动？这些新的问题正是激发幼儿对棋类活动保持热情的关键。教师在活动中欣喜地发现幼儿之间的互动越来越多了，活动化共同学习的氛围越来越浓厚，这为主题活动的继续开展提供了明确的思路——通过各种"棋"类活动来提升幼儿发现问题、解决问题的能力，通过不同形式的合作游戏，丰富幼儿的学习经验。

活动二：好玩的转萝卜棋（区域游戏）

【与主题相关的区域】

棋类区。

【投放材料】

转萝卜棋。

【游戏过程】

1. "小老师"介绍转萝卜棋。

小老师：这个棋的名字叫转萝卜棋，它由卡片棋子和棋盘组成。棋盘是个"白菜"（形状），中间插着"萝卜"，蓝方（棋子）有四个、粉方（棋子）有四个、紫方（棋子）有四个、黄方（棋子）有四个。以抽取卡片的方式决定棋子走的步数，代表走一步的（卡片）最多，代表走三步的

（卡片）最少。

分析：幼儿根据在集体活动中获得的教棋经验，依次介绍了棋的名称、构成及特点。

2. 出现问题，解决问题。

学棋者：为什么代表走一步的（卡片）最多呢？

小老师：因为如果代表走三步的（卡片）最多，玩起来就没有挑战性了，走三步的（卡片）一共有两个。

学棋者：代表走两步的卡片有三个？

小老师：不是，代表走两步的（卡片）也只有两个。

学棋者：一二三、一二三。（所有学棋的幼儿一起点数白菜棋盘上面的洞）

学棋者：代表走一步的（卡片）有多少呢？

小老师：走一步的（卡片）最多。

学棋者：只有一个？（学棋的幼儿指着卡片。）

小老师：当然不是了，代表走一步不代表它只有一个卡片，你看这个卡片，这个卡片的作用就和骰子一样，卡片上面有一粒豆（图案）就走一步，如果有两粒豆就走两步。

学棋者：如果有三粒豆，就走三步对吗？

小老师：对，不过三步的（卡片）特别少，只有两个。

学棋者：那就看谁最幸运（能拿到三粒豆的卡片）了对吧！

…………

分析：由于教棋者未说清楚"一个"和"三个"指代的对象是什么，也没有正确使用描述卡片的量词"张"，因此在开始介绍棋的过程中，学棋的幼儿对卡片功能的理解出现了偏差。但经过几次互动，从学棋者的提问中教棋的幼儿意识到了这个问题，并采取手口合一的方式再次描述了卡片的功能。在教与学的过程中幼儿对"萝卜棋"的构成和玩法都有了进一步了解，同时也积累了教与学的经验。

3. 教师帮助幼儿梳理教棋与学棋的经验。

（1）你心目中的小老师是什么样子的？

幼儿分享自己做"小老师"教棋的经验：当老师性子不能太急，要有耐心，在教棋的过程中能感到快乐；当小老师要用通俗易懂的语言去描述，尽量详细地描述；当小老师要懂规则……

（2）学棋时应该怎么学？

幼儿讨论后总结：学棋时要认真听，不懂的地方要主动问，"静观其变、观棋不语"。

【教师思考】

在区域游戏过程中，幼儿自发地当起了小老师，感受教棋之乐，并在教棋的过程中对各类游戏棋有了进一步的认识，体验着教的乐趣。在教棋和学棋的过程中，孩子们对如何教棋、如何学棋、如何玩棋等问题产生了探究愿望，他们通过小组、集体活动等形式进行体验。教师利用多种途径帮助幼儿梳理出在当小老师和学员的过程中应掌握的关键经验，为后期要开展的棋类活动打下了良好的基础。

活动三：亲子 DIY 游戏棋（亲子活动）

【活动目标】

1. 了解设计一款游戏棋的基本要素与步骤，能够根据计划与构思准备所需材料并设计出一款游戏棋。

2. 在设计过程中相互交流、讨论，感受与家长合作设计棋的快乐。

3. 能够主动承担任务，积极思考，共同解决在设计游戏棋过程中遇到的问题，并能够接纳他人的建议。

【活动准备】

经验准备：幼儿对游戏棋感兴趣，有玩游戏棋的经验。

物质准备：多种废旧材料，纸，笔等。

【活动重难点】

重点：掌握设计棋的基本要素与步骤，感受亲子游戏的快乐。

难点：幼儿敢于主动承担任务，与家长共同解决问题。

【活动过程】

在"我是棋类小老师"活动中，一位小朋友设计的游戏棋吸引了班级其他小朋友的注意，激发了他们设计游戏棋的欲望。考虑到设计棋对于大班幼儿来说并不简单，于是借助家长资源，以亲子 DIY 游戏棋的方式进行。让孩子在一对一或二对一的互动设计过程中，学习设计的方法。

1. 亲子讨论设计方案。

确定游戏棋名称、规则、玩法等内容及所需材料。

2. 亲子互动完成设计。

幼儿与家长根据之前的计划做好分工与合作，共同完成设计活动。

3. 亲子试玩，验证设计。

在完成设计后亲子共同试玩游戏棋，以验证游戏棋设计的合理性及趣味性。

【教师思考】

制作游戏棋是一个非常复杂的过程，在亲子共同设计游戏棋的过程中，幼儿知道了在设计一款游戏棋之前需要提前构思、准备材料，并事先了解一款游戏棋有哪些基本要素。在活动过程中，家长有意识地让幼儿承担了部分设计工作，培养幼儿主动承担任务的能力，也间接地让幼儿明白，在合力做一件事情的时候分工、配合的重要性。

幼儿有了设计初体验、积累了初步经验之后，教师又进一步开展了小组三人合作设计、五六人合作设计等活动。让他们在不同合作设计中相互配合、借鉴经验、反复尝试、努力完善，不断提高自主发现问题、解决问题的能力。

活动四：合作设计游戏棋（集体教学）

【活动目标】

1. 了解设计一款游戏棋的基本要素与步骤，能够根据计划与构思准备所需材料并设计出一款游戏棋。

2. 在设计中与同伴相互交流、讨论，积极思考、尝试解决在设计游戏棋过程中出现的问题，并能够接纳他人的建议。

3. 感受与同伴合作设计棋的快乐，并体验主动承担任务、共同解决问题的乐趣。

【活动准备】

经验准备：（1）幼儿对棋类活动感兴趣，并有过多次下棋的经验。

（2）有亲子 DIY 设计游戏棋的经验。

物质准备：班级内所有的材料。

【活动重难点】

重点：知道棋有各种类型，明确所设计游戏棋的基本要素。

难点：将亲子设计游戏棋的相关经验迁移到小组合作设计活动中。

【活动过程】

1. 欣赏各类游戏棋，感受棋类的丰富多样，唤起幼儿的棋类游戏经验。

教师：看！这么多种游戏棋，你认识哪些？是怎么玩的？

引导幼儿介绍棋的名称及玩法。

教师：哪一款棋最吸引你？为什么？

引导幼儿仔细观察不同的棋类，唤起幼儿玩棋的经验，鼓励幼儿大胆表述自己的想法。

2. 迁移亲子设计游戏棋的经验，小组合作设计游戏棋。

（1）讨论交流，激发幼儿设计棋的愿望。

教师：小朋友们的玩棋经验非常丰富，棋类一般包含哪些要素？

引导幼儿明确棋的组成需要有棋子、棋盘等要素。

教师：不同游戏棋的棋盘结构都一样吗？哪些地方不一样？

引导幼儿仔细观察游戏棋，了解棋盘的材料、形状、颜色以及主题内容上的不同。

（2）合作设计游戏棋。

①幼儿自由组合，相互讨论。

组内讨论：你想设计什么棋？用什么材料制作？大家是怎样分工的？定什么内容作为游戏棋的主题呢？

鼓励小组中的每一位幼儿都能够积极参与讨论，并大胆地表述自己的想法。

②尝试设计游戏棋。

幼儿根据设置的主题内容，自主设计路线、起点、终点、关卡，制定游戏规则等，并根据相关内容寻找制作材料。

引导幼儿根据设计制作的需求，发散思维，在教室里寻找材料。

③试玩游戏棋。

教师：将棋设计好的小朋友可以试着玩一玩，看一看设计好的游戏棋能不能玩起来，或有没有需要改进的地方。

幼儿操作，教师观察或直接参与其中，提供指导与帮助。

提示：如起点和终点要有不同的标志，游戏双方的棋子要有区分，关卡设计要合理等。

④修改完善游戏棋。

幼儿根据试玩经验讨论修改方案，并继续丰富、完善游戏棋内容。

教师适时参与活动并给出合理建议，为幼儿提供支持。

3. 请幼儿分组展示自己的作品，体验设计成功的乐趣。

（1）展示作品，分享经验。

教师：你们小组设计的游戏棋是什么主题？名称是什么？

设计好的游戏棋怎么玩，要遵守哪些规则？

在设计的过程中出现过哪些问题？是怎么解决的？

设计好游戏棋后有什么感受？

你最喜欢哪一小组的设计？为什么？

（2）教师和幼儿共同梳理设计游戏棋的经验。

【教师思考】

这个活动既能让幼儿体验分工合作的乐趣，又能激发出幼儿的设计灵感与无限创意。活动中合作设计游戏棋是以自由命题的形式进行的，幼儿可以将自己的喜好或熟悉的内容融入到游戏棋的设计当中，这唤起了幼儿的想象力、丰富了设计元素。有的小朋友受到万圣节活动的启发，设计出一款骷髅棋；有的小朋友喜欢吃甜食，设计出糖果世界棋；有的小朋友借鉴亲子设计的经验，制作出恐龙战斗棋等。但从功能上看，设计游戏棋的最终目的是为了让大家玩起来。通过试玩能让孩子们在游戏中自主发现不同游戏棋在设计中的优点以及存在的问题，在发现问题和解决问题的过程中进一步丰富幼儿的设计经验。

活动五：试玩游戏棋（集体教学）

【活动目标】

1. 通过试玩检验小组设计的游戏棋的可玩性，进一步发现问题。

2. 在小组或跨班试玩中交流、讨论发现的问题，积极思考并尝试合作解决。

3. 感受与同伴合作、共同解决问题的快乐。

【活动准备】

经验准备：幼儿对游戏棋的基本内容及规则有一定的了解，且有一定的设计、同伴或小组合作的经验。

物质准备：黑板，三种幼儿自制的游戏棋，白纸，水彩笔，骰子，棋子。

【活动重难点】

重点：通过试玩检验小组设计游戏棋的可玩性，发现并解决问题。

难点：能够接纳他人的建议，并在不同的声音中做出合理判断。

【活动过程】

1. 回顾、介绍。

（1）简单回顾上一次活动情况，唤起原有经验。

（2）请小组代表简单介绍自制游戏棋，激发幼儿试玩的热情。

教师引导幼儿主要从游戏棋名称、起点、关卡、终点的设置，前进和后退的方式，特殊规则以及棋子等几方面来介绍。

2. 尝试玩棋。

（1）幼儿自行分组选择游戏棋和场地进行试玩。

（2）幼儿能较积极地参与活动，在玩的过程中尝试发现、提出问题，遇到问题能主动、及时地寻求帮助。

教师观察幼儿在活动中的表现，并给与适当的支持与引导。

3. 分享与交流。

提问：

（1）你试玩的是哪一种棋？还有哪些小朋友玩过这种棋？

（2）你们觉得××棋好玩吗？在玩棋中有没有发现问题？

（3）玩其他棋的小朋友有没有发现类似的问题？

（4）对于这个问题小朋友能想到解决的好办法吗？你的解决办法是什么？

（5）××棋类为什么没有出现你们发现的问题？我们来看一看它是怎么设计的？

（6）还有没有其他的问题？

最后，肯定三组小朋友的设计成果，对幼儿的表现给予评价，梳理活动中获得的新经验。

【活动延伸】

将幼儿设计的其他游戏棋放在棋类区，幼儿可在区域游戏时间继续试玩，进一步发现问题，不断修改完善自己设计的游戏棋，体验成功的快乐。

【教师思考】

在小组合作设计游戏棋后，幼儿通过试玩能在游戏中自主发现问题，并在解决问题的过程中进一步丰富了游戏棋设计经验。棋类游戏给予幼儿的是一个自主发展、无限拓展的空间，在主题活动过程中，教师并不只是仅仅关注幼儿棋艺的提升，更多的是关注幼儿多元能力的发展。在以棋作为活动载体的系列游戏情境中，幼儿成为了小老师、小学员、小设计师等；在自主、开放、自由的游戏空间里，幼儿新旧经验相互融合；在活动化的共同学习中幼儿学会了合作，学会了交往，学会了自我调控情绪，学会了正确看待输赢，孩子们爱上了棋类活动。通过丰富多彩，趣味十足的棋类活动，我们也看到了在棋类世界里，幼儿分工合作、自主探究、主动学习的能力得到了提升，在快乐体验中不断发展。

🌈 主题活动反思

这一主题活动因幼儿的兴趣和需求而开展，历时两个月。在这个时间段，幼儿始终兴趣盎然地参与。回顾主题活动的进程，大致有以下三个比较凸显的亮点。

1. 积极以问题为导向推进主题，促进幼儿自主学习与主动发展。

主题活动最核心的特点就是要追随幼儿的兴趣和需要，帮助幼儿获得新的经验，提升能力。在此主题活动中，幼儿在与各种"棋"的互动中产生了一个又一个问题，教师始终把握一点就是和幼儿一同想办法解决问题，使得主题活动在发现问题—解决问题—发现新问题—解决新问题的过程中循序渐进，不断推进。因为主题活动是以问题为导向推进的，因此，整个过程中幼儿表现出强烈的探究欲望与实践精神，不断尝试学棋、玩棋、教棋，主动向老师求教、向同伴学习、向家长学习，幼儿的自主学习意识与能力都得到了提升。

2. 遵循大班幼儿活动化共同学习的特点，为幼儿提供更多的合作、互动机会。

大班幼儿思维活跃，交往能力较强，同伴之间的互动、合作也多，为他们积极建构活动化共同学习的机会是符合大班幼儿年龄特点的，比如：在主题活动过程中，"学棋"不是老师教幼儿学，而是幼儿教、同伴学。幼儿不仅自己可以设计棋，还可以小组一起来设计。当幼儿根据自己的意愿，三五个围在一起，你教我学，共同协商、合作设计游戏棋时，他们之间合作和互动机会大大增加，分工协商、创作与表达等能力都得以提升。

3. 打破常规、充分整合资源，帮助幼儿有效地积累经验。

在主题活动实施中，教师打破常规，大胆尝试，使得幼儿交往的群体不断拓展，活动经验也随之丰富。在此过程中，幼儿不仅体验到自己学会棋的乐趣，也体验到教会他人学棋的成就感。而且在主题活动中，教师充分整合家长资源，与家长就主题活动的由来、目的、进程达成共识，从而家园积极配合，有效地形成合力，更好地作用于主题，促进幼儿发展。

（北京师范大学实验幼儿园教师：金瑛　梁春芳　邱守）

（北京市海淀区教师进修学校学前教研员：赵蕊莉）

五、美丽的北京我的家（大班）

🐝 主题活动由来

国庆假期后，孩子们谈论最多的就是假期去哪儿玩了，有什么好玩的事情。幼儿在分享旅游照片的时候发现北京的名胜古迹特别多，好玩的地方也很多，孩子们谈论起自己的假期生活，非常兴奋。《指南》中提到要用幼儿喜闻乐见的形式激发他们爱家乡、爱祖国的情感，教师觉得这是个特别好的教育契机，为了满足幼儿交流以及进一步学习的需要，开展了这一主题活动。

🐦 主题活动目标

1. 积极参与活动，乐于发现、感受北京景点的美和独特。

2. 能够与同伴协商、分工合作，遇到困难时能主动思考、积极解决问题。

3. 在与同伴讲解和搭建景点的过程中，能用多种方式表达或呈现北京的美。

🌱 主题活动网络图

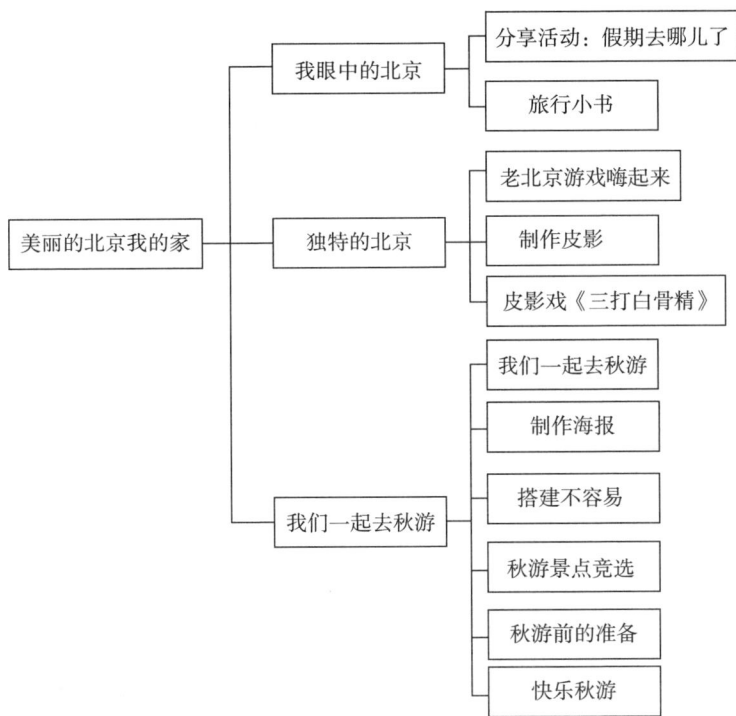

```
                                    ┌─ 分享活动：假期去哪儿了
                    ┌─ 我眼中的北京 ─┤
                    │               └─ 旅行小书
                    │
                    │               ┌─ 老北京游戏嗨起来
                    │               │
  美丽的北京我的家 ──┼─ 独特的北京 ──┼─ 制作皮影
                    │               │
                    │               └─ 皮影戏《三打白骨精》
                    │
                    │               ┌─ 我们一起去秋游
                    │               │
                    │               ├─ 制作海报
                    │               │
                    └─ 我们一起去秋游┼─ 搭建不容易
                                    │
                                    ├─ 秋游景点竞选
                                    │
                                    ├─ 秋游前的准备
                                    │
                                    └─ 快乐秋游
```

✈️ 主题活动过程

活动一：假期去哪儿了（集体教学）

【活动目标】

1. 能够积极、大胆地与同伴分享自己的国庆假期生活。

2. 通过分享了解北京的景点和名胜古迹。

3. 在分享中能够初步感受北京的美。

【活动准备】

小朋友在家长的帮助下制作游玩景点的 PPT。

【活动重难点】

重点：幼儿能够积极、大胆地与同伴分享自己的国庆假期生活。

难点：幼儿能够在分享中初步感受北京的美。

【活动过程】

1. 教师以谈话的形式引出主题。

教师：老师知道假期你们去了很多有意思的地方，谁想和大家说一说假期去了哪些地方，好玩不好玩？

2. 小朋友以 PPT 形式展开分享"我的快乐假期"。

幼儿：假期我去了石景山游乐园，是和几个好朋友一起去的，我们这个团队还有一个名字叫"三爱宝贝队"，为什么叫"三爱宝贝队"呢？因为我们爱国、爱家、爱幼儿园。在游乐园里，我们看到了双层皇家旋转木马……

幼儿：假期我去了长城，长城上有很多烽火台，一个接着一个，在古代烽火台的作用是传递信息。我还去了香山，捡了很多漂亮的红叶，把他们拼成了各种各样的小动物，你们来猜一猜我拼的是什么吧！

幼儿："十一"假期我去了奥林匹克森林公园，我登上了高高的奥运塔。在塔上能看得很远，能俯瞰整个北京城，鸟巢、水立方就在不远处，那里晚上灯光闪闪，很漂亮！

幼儿："十一"假期我去了天坛，天坛是明清两代帝王祭祀皇天、祈求五谷丰登的场所，站在天坛前能够感受到天很高远。

幼儿："十一"假期我去了天安门广场，爸爸妈妈带着我看了升国旗。后来，我们还参观了故宫，故宫是古代皇帝办公和家人居住的地方，有很多房屋。现在里面摆放了很多当时人用过的东西，像首饰、餐具、瓷器摆件等，妈妈告诉我，这是我们国家宝贵的财产。

3. 结束部分。

小朋友们分享完之后，大家你一言我一语，开始讨论这些风景名胜的独特之处。

【活动延伸】

小朋友们分享后，在家长的帮助下把自己的 PPT 制作成了旅行小书，放在班级的图书区。在区域游戏时间，孩子们还可以继续分享自己的假期之旅，交流自己在旅行中的发现和收获。

【教师思考】

国庆假期浓浓的节日气氛和美好的体验促使孩子们将自己的经历分享出来。在活动中孩子们畅所欲言，把所到之处的所见、所闻、所想都表达得淋漓尽致。这次分享活动，既满足了孩子想表达的欲望，也使其他幼儿在聆听和观看过程中了解到北京的一些风景名胜。分享活动结束后，孩子们将自己的假期之旅制作成了小书放到了图书区，过渡环节孩子们在那里翻阅、谈论，意犹未尽。

活动二：老北京游戏嗨起来（区域游戏）

【与主题相关的区域】

老北京游戏区。

【投放材料】

陀螺，拨浪鼓，皮影，弹球，挑棍，小人书。

【游戏过程】

假期里，孩子们从景点带回很多有纪念意义的小礼物，比如：香山的枫叶书签，登长城的纪念奖章，皮影戏院的皮影，孩子们尤其感兴趣的是一些老北京游戏玩具：陀螺、弹珠儿、兔儿爷、风筝等。教师将孩子们带到幼儿园里的玩具收集起来放在了楼道里，就这样"老北京游戏区"建成了。

1. 抽陀螺。

浩浩最喜欢玩的游戏是抽陀螺，他把陀螺拿在手里，用小鞭子上的绳子紧紧地缠绕在陀螺上（逆时针）。缠好后，将陀螺放在地上，右手一扯，陀螺飞速按逆时针方向旋转起来，此时浩浩是右手持鞭，抽打方向正好与陀螺旋转的方向相反，没几下，陀螺就歪歪斜斜地倒了下来。信心满满的浩浩有些沮丧，原来看起来容易的抽陀螺游戏也要钻研一番啊！

看到孩子玩游戏出现了问题，教师用亲身示范的方法来引导幼儿发现缠绕绳子和旋转方向的关系，并在演示的时候将速度放慢，请孩子来发现向不同方向缠绕绳子，陀螺旋转的方向是不同的，抽打的方向也是不同的。

在教师的引导下，孩子们慢慢发现了换个方向缠绕绳子，会改变陀螺的旋转方向，用右手抽起陀螺来它会越转越快，解决了这个问题，孩子们开心极了。

2. 玩挑棍。

玩挑棍的小朋友一开始也遇到了问题。在游戏中，得到一根棍子要符合两个条件：一是被挑起的棍子上方不能被压着；二是挑起棍子时不能带动其他的棍子。但是，一开始孩子们经常发生争执，"这个不可以，我看到有个棍子被碰到了。""怎么不可以啊，被碰到的棍子没有改变位置啊，只是被碰了一下而已！"两个孩子各执一词，互不相让。

"你们现在谁也说服不了谁？应该怎么办呢？"老师引导说。一位观战的小朋友说："我来当裁判吧！""很好，有了裁判当我们意见不统一时，就让裁判来裁定，但是裁判根据什么来裁定谁对谁错呢？"教师继续追问。幼儿："那就需要有一个游戏规则。"在教师的引导下，孩子们决定一起制定挑棍游戏规则，并画下来粘贴在这个游戏区的墙上。

3. 打弹珠。

正在玩弹珠儿的两位小朋友发愁了，因为弹珠儿看起来好弹实际上却很难，它每次滚动的方向都跑偏。

"又跑偏了，哎，怎么这么难弹啊！"乐乐说。

"总也打不中，急死我了！"东东说。

"老师，你会不会玩弹珠儿啊，教教我们吧！"乐乐说。

教师："乐乐，你来弹一下，让大家看一看好不好？"乐乐用大拇指和食指捏着玻璃球，两手一碾，玻璃球滚了出去，歪了。

"东东，你再试一试好不好？"东东捏着玻璃球，对准小洞前后来回地比划着，一用力将小球扔了出去，虽然方向对了，但是小球根本就没有贴着地面滚。

"小朋友，想一想你们刚才都用了哪些方法弹弹珠儿？你们还记得在景区时别人玩弹珠儿的方法吗？"教师问。

"我记得好像是用大拇指弹出去的。"乐乐兴奋地说。

"好，这叫打弹珠儿，你们知道在打枪之前要做什么准备吗？"教师接着引导。

"给枪上子弹！"东东说，"要把子弹上到枪膛里。"

"对，那咱们的玻璃球也要上到'枪膛里'固定住才能弹，你们想一想哪个部位可以当弹珠儿的'枪膛'？"

乐乐和东东开始研究起来，其他小朋友也边玩边研究，大家一起努力，发现了正确打弹珠儿的方法。

【教师思考】

孩子们在景点看别人玩这些北京老游戏，感到很新奇，但是自己玩时却碰到了各种各样的难题：陀螺转不起来，挑棍意见不统一，不知道怎么打弹珠儿。在指导时，老师要做耐心的观察者和适时的引导者，不要急于提出解决方案，而是启发孩子找到适宜的解决方法。

活动三：制作皮影（区域游戏）

【与主题相关的区域】

美工区。

【投放材料】

木棍，塑料板，丙烯，摁扣，剪刀，线。

【游戏过程】

假期有的小朋友去了圆明园皇家皮影剧院，对皮影和皮影戏产生了浓厚的兴趣。回来之后，大家也想制作皮影、排演皮影戏。教师为孩子们播放了介绍皮影戏的视频，引导他们了解到皮影的制作方法。接着，教师在美工区投放了相关的制作材料，孩子们开始尝试制作皮影。

瑶瑶和佳佳来到美工区，尝试制作皮影木偶。

"咱们还是用这个薄薄的塑料片吧，皮影就是薄薄的。"瑶瑶说。

"好，纸箱壳太厚了，我同意用塑料片。"佳佳赞同地说。就这样孩子们选择了塑料片。

在制作过程中，她俩觉得身体和四肢是要分开的，所以她们先在塑料薄板上用马克笔画出了身体和四肢，然后剪了下来。接下来的问题就是怎样把人物的身体和四肢连接，并且还能灵活地活动。孩子们尝试用双面胶，但活动起来不灵活，用绳子拴住又不美观。

看到孩子们把美工区的材料都试了一遍，教师引导她们可以把遇到的难题告诉爸爸妈妈、爷爷奶奶，找一找家里的针线盒里有没有能解决问题的"宝物"。

第二天早上一入园，佳佳就高兴地告诉瑶瑶，奶奶给她提供了一个小摁扣，可以用它把两片剪好的塑料片连起来，既能连接又能活动。两人特别高兴地将佳佳拿来的摁扣摁在塑料片上，或紧或松，一遍一遍地调整。

【教师思考】

在制作皮影的过程中，教师发现幼儿通过观察、尝试、讨论、寻求帮助等多种方式进行学习。他们通过观看皮影戏的视频，了解到皮影的制作方法；通过和同伴讨论，找到了适合制作皮影的材料；通过尝试，发现一些材料不适合连接皮影人物身体各部分；通过寻求帮助，终于找到了最适合用作连接材料的小摁扣。

活动四：皮影戏《三打白骨精》(区域游戏)

【与主题相关的区域】

表演区。

【投放材料】

皮影木偶，音乐，表演幕布。

【游戏过程】

1. 商议剧本。

幼儿：这些皮影真好玩！你看，我动一动这些棍子，它的手脚就会动，我们用它来表演好不好？

幼儿：咱们就演《三打白骨精》吧，这个故事咱们比较熟悉。

幼儿：我想演《爱莎公主》，你们觉得呢？

幼儿：皮影戏是咱们中国的传统艺术，为什么要演外国的故事啊，佳佳你再想想。

幼儿：也是，那就听你的，演《三打白骨精》，以后咱们再试试其他的吧。

2. 角色分配。

幼儿：你们想演什么呢？咱们先来数一数有哪些角色吧！悟空、唐僧、沙僧、八戒、白骨精。

幼儿：白骨精还变了三个普通人呢，你忘啦！一家三口。

幼儿：那一共是八个角色啊，咱们也没那么多人啊！

幼儿：用不了八个，白骨精和她变的普通人都让一个人来演吧，好吗？

大家：好！

3. 练习台词。

开始排练时，孩子们都用比较现代化的语言来表演。有一次小宝扮作孙悟空，让大家有了新的想法。

鹏鹏（唐僧）："悟空，你去给大家找些吃的吧，我们太饿了！"

小宝（悟空）："俺老孙一个筋斗云十万八千里，师傅您等着，俺老孙去去就回。"

听到这里，孩子们鼓起掌来："小宝，你这口气还真像孙悟空啊！你再说一说，让我们听一听！"

"妖精，吃俺老孙一棒！""八戒，你个呆子！""你骗得了谁也骗不了俺老孙的火眼金睛！"小宝一口气说了好几句词。

"太棒了小宝，我回家也要学习唐僧说话，咱们回去都学一学怎么样！"鹏鹏补充道。

于是，孩子们兴致勃勃地开始练习"台词"，皮影戏表演越来越专业了。

【教师思考】

在皮影戏表演中教师并没有给孩子安排要表演什么，是孩子们自发地通过讨论商定剧本、分配角色，并且提出应该怎么说台词才能使演出更加精彩。教师发现当把游戏的自主权交给幼儿时，他们才能实现真游戏，不再是一种被安排的机械训练，而是有一种内在的动力，思考怎样表演更能吸引观众，怎样表演才更有趣，自己需要做什么样的调整和改变。

活动五：我们一起去秋游（集体谈话）

【活动背景】

在主题活动开展一段时间以后，有的孩子表示很想和大家一起去游玩，提出希望全班集体进行一次秋游活动。那么多好玩的地方，去哪儿呢？孩子们纷纷提出了自己的想法，但大家的意见不统一。

【活动过程】

1. 谈话活动：你最喜欢哪个秋游景点？

教师：前几天，小朋友用PPT介绍了很多好玩的地方，这些好玩的地方你最喜欢哪个地方？谁能告诉我？

幼儿：我最喜欢游乐场。

幼儿：我最喜欢奥林匹克森林公园。

幼儿：我最喜欢的也是奥林匹克森林公园。

幼儿：我最喜欢去游乐场。

2. 投票选出几个大家比较喜欢的景点。

教师：大家喜欢的景点不一样怎么办？咱们要先去哪儿，再去哪儿？

幼儿：可以用"石头剪刀布"来决定呀！

教师：用"石头剪刀布"来决定你们同意吗？

集体：不同意……

教师：为什么不同意？

幼儿：因为输了的小朋友会说再来一局，那样一直持续下去会浪费时间。

教师：还有别的方法吗？

幼儿：我们可以用手心手背的方法决定。

幼儿：不同意，因为手心手背也总是重复，也很耽误时间。

幼儿：可以抽签。

幼儿：抽签不公平！我们可以用投票的方式选出秋游的景点。

教师：我们可以用投票的方法来选择，哪个景点得票最多，咱们就一起去哪个景点，这个办法你们同意吗？

集体：同意！

通过第一轮投票，孩子们选出了五个票数较多的景点，分别是石景山游乐园、香山、奥林匹克森林公园、圆明园皇家皮影剧院、老北京四合院。但是最终只能选出一个景点作为本次秋游活动的目的地。

3. 讨论如何选定最终的秋游景点。

教师：我们已经选出了五个大家想去的景点，但最终需要确定一个景点，小朋友准备怎么决定呢，需要准备什么呢？

幼儿：我们需要投票的板子。

幼儿：我们需要介绍景点，需要介绍我们想去的那个地方有多么美。

幼儿：我们需要制作海报。

幼儿：我记得爸爸妈妈去买房子，售楼处有那种楼房小模型，我们也可以把想去的地方搭出来。

通过讨论，孩子们自由组合成了五个小组，分别对应五个景点，在比赛过程中孩子们需要完成三项工作：制作景点海报、搭建景点、介绍景点。最后，全班小朋友一起投票，选出一个共同秋游的景点。

【教师思考】

孩子们平时用来统一意见的方法有很多，如手心手背、石头剪布等，但是在这个活动中，孩子们在讨论时结合平时经验发现这些方法的弊端——耗时长、不准确。这时，孩子们继续发挥自己的聪明才智，提出通过分组搭建、制作海报、介绍景点的方式进行景点拉票比赛，这一提议得了其他小朋友的支持。原本看似简单的一个投票活动，在孩子们的提议和讨论中衍生出更丰富的内涵，主题活动也变得越来越富有挑战，越来越有意义。接着，孩子们积极地投入到小组合作任务当中。

活动六：制作海报（区域游戏）

【与主题相关的区域】

美工区。

【投放材料】

剪刀、塑料板、彩纸、彩笔、即时贴、胶棒等。

【游戏过程】

1. 海报是什么？

教师：你们知道海报是什么吗？你们见过海报吗？

幼儿：见过，海报就是告诉别人我们的东西有多好，像广告一样。

教师：对，海报是用来宣传的，是让别人看到相关的事物有多好！

2. 海报上有什么?

教师：你们想一想，海报上都有什么?

幼儿：有需要宣传的内容，要讲出所宣传事物的特色。

幼儿：要有秩序，不能乱七八糟的。

教师：小朋友还有什么想法呢?

幼儿：还得画上路线，如果路程太远也不好。

幼儿：还得有名字。

幼儿：最突出的特点是要让别人知道。

3. 制作海报的不同想法。

教师：你们想用什么样的方法制作海报呢?

幼儿：我们想把最主要的内容贴在最上面。

教师：什么是最主要的内容呢?

幼儿：就是最有代表性的。我们想把剧院的门票贴在最上面，我们制作的是皮影剧院的海报，所以准备把皮影放在海报上。

教师：瑶瑶前几天在美工区做了一个皮影，咱们是不是可以用上啦?

做海报贴皮影的时候遇到了问题，中间支撑皮影的小棍太长了，瑶瑶试着用剪刀剪掉一部分，但是发现剪不动。后来，她试着换了一根短些的小棍，这样问题就解决了。

五个小组分头行动，每组都有不同的想法，有的海报是按照景点路线设计，有的海报突出景点特色，还有的小组自己创作了绘画海报。全班幼儿集体投入在制作海报的活动中。

【教师思考】

海报制作最能体现幼儿的动手操作能力，在小组合作中，能力突出的小朋友会占主导地位，而动手能力稍弱的小朋友就会"闲"一些。教师要根据孩子们的特长引导他们分工合作，尽量使每个孩子都有用"武"之地，快乐地参与其中。

活动七：搭建不容易（区域游戏）

【与主题相关的区域】

美工区、益智区、建筑区、表演区、自然角等。

【投放准备】

景点图片，各区域的多种游戏材料。

【游戏过程】

1. 幼儿自愿结组，准备搭建活动。

幼儿：谁搭建观光塔啊？

幼儿：萱萱，你搭什么？

幼儿：我想搭足球场。

幼儿：佳佳，你搭什么呢？十字路怎么样？

…………

2. 材料不够怎么办?

奥林匹克森林公园是一个大工程，面对这个大工程，小烨成为了"总指挥官"，谁搭建观光塔、谁负责绿化、谁铺石子路，他根据大家的意愿安排得井井有条。"工程"进行了一段，孩子们发现铺石子路的材料不够了，怎么解决这个问题呢？玲玲决定去其他班级借材料，不一会儿工夫，她就从大三班借来了围栏和铺路的游戏材料，乐乐还从大二班借来了"足球场"，这样"十字路"和"足球场"的问题解决了。

3. 游乐场没有楼梯怎么办?

石景山游乐园里有一座高高的大楼，游客们可以在这里摆出各种姿势拍照留念。佳佳看到后说："你们这幢大楼很漂亮，怎么没有楼梯呢？"叮当想到了一个好办法，前几天他刚刚学会折扇子，可以用折扇子的方法折出一个楼梯。于是叮当到美工区找了一张彩纸，放在椅子上，用正反依次对折的方法折出了楼梯。

4. 楼梯太短怎么办？

当叮当把纸折的楼梯放到大楼旁边时，问题又来了，这个楼梯太短了，没法将一层和二层的楼房连起来。就在这时，佳佳告诉他在楼道里看到过一块锯齿形的类似搓衣板的积木，可以拿过来试一试。叮当听从了她的建议，找到了这块积木，把它放在两层楼之间做楼梯，楼梯的问题解决了。

5. 水流得太快怎么办？

香山有一个流水景致，怎样才能表现出"流水入池"的感觉呢？浩浩在科学区找到了运水装置。孩子们一起合作将容器里装满水，插好管子，将容器倒置，水就顺着管子慢慢地流了下来。晴晴说："这个水一会儿就流完了，等我们介绍的时候就没水了，能不能先停一会儿呢？"浩浩说："我有一个好办法，可以用泥胶来帮忙。"于是，浩浩找来泥胶，几个孩子一起尝试用泥胶堵住了滴管的一端，这样，水就不流了。

6. 怎么搭建四合院？

孩子们搜集来很多四合院的图片，有了图片做参照，孩子们搭建的想法就多了。开始的时候，孩子们小心翼翼地搭建了一座的"口"字形的四合院。后来他们看图片发现"日"字形的四合院更气派，更能体现老北京四合院的建筑特点，于是，孩子们又开始商量怎么搭建出"日"字形的四合院。

【教师思考】

在搭建景点的活动中，孩子们遇到了一个又一个的难题，如：搭建材料不够，建筑物缺少楼梯，水流得太快，怎么搭四合院，这些问题都是在具体情境中孩子们真真切切地需要面对和解决的。面对这些问题，教师并没有直接为孩子们解决问题，提供对策，而是让他们进行互助合作、分享经验，引导他们主动思考，积极想办法解决难题。实践证明，孩子们确实做到了，在活动中，孩子们不怕困难、敢于尝试、协作互助，成功搭建出想要表现的事物。

活动八：秋游景点竞选（集体教学）

【活动目标】

1. 能够自信、大胆地向同伴介绍景点的特色。
2. 愿意参加集体活动，能够接纳不同的意见。
3. 理解民主投票的规则，并且遵守这一规则。

【活动准备】

五个组的小朋友搭建的作品，海报，胶泥。

【活动重难点】

重点：能够自信、大胆地向同伴介绍景点的特色。

难点：理解民主投票的规则，能够接纳和尊重不同的意见。

【活动过程】

1. 各组小朋友轮流介绍景点。

石景山游乐园组：

幼儿：石景山游乐园有两个大门，一个进口，一个出口，去玩的时候可以在进门口买一张通票，就可以玩游乐园的所有项目。

幼儿：石景山游乐园里有五颜六色的大型玩偶，游客可以摆出各种各样的姿势和它们合影……

香山公园组：

幼儿：香山美在哪里呢？接下来我就给大家介绍。香山位于北京西郊，在公园里有一座碧云寺，寺中有一座宝塔，很壮观。

幼儿：香山公园很漂亮，里面有很多树，其中最有特色的一种树是枫树。

幼儿：大家爬山爬累了，可以在半山腰休息，半山腰和山顶上都有休息的地方。

幼儿：香山公园是天然氧吧，空气新鲜，小朋友可以尽情地在那里玩。

奥林匹克森林公园组：

幼儿：在公园里可以听到蛐蛐的叫声，我还搭了一个蛐蛐的乐园……

幼儿：你们看，这是奥林匹克森林公园的健身跑道，小朋友可以在上面玩彩虹跑的游戏。

幼儿：站在观光塔上面，可以看到全北京的风景，所以邀请所有的小朋友都去那里登观光塔。

…………

2. 自由投票并统计结果。

教师：小朋友们介绍完了，接下来我们要进入投票环节了。请大家来想一想，你想把这一票投给哪个组呢？

孩子们拿着选票进行投票。

最后，石景山游乐园组以 12 票获得了最高票数，秋游的景点定为石景山游乐园。

【教师思考】

在本次竞选活动前，教师和孩子进行了一次"关于如何介绍自己搭建的景点"的谈话。开始，孩子们只是简单地说一说搭建的是什么，后来，他们提出景区的导游介绍景点非常专业、有趣，他们应该向导游学习。于是，孩子们开始做景点介绍的准备，教师调动家长和孩子一起做准备，家长们纷纷查阅资料，希望孩子能够把景区里最有特点的地方介绍给大家。

活动九：秋游前的准备（集体教学）

【活动目标】

1. 能通过讨论、合作，制订合理的秋游计划表。
2. 能够根据自己的生活经验，知道出游需要注意的安全事项。

【活动准备】

假期游玩的照片、PPT。

【活动重难点】

能够制订合理的秋游计划表。

【活动过程】

1. 引出话题，外出秋游要做哪些准备。

教师：孩子们，你们觉得咱们出游需要做准备吗？如果需要，要做哪些准备呢？

幼儿：要，每次我们出去玩都要带吃的喝的，所以要提前准备。

幼儿：每次出门前妈妈都会查地图，所以要提前找好路线。

幼儿：有一次，我们出去玩，我的胳膊受伤了，大家都没有带药，我觉得以后出门要带点创可贴什么的。

…………

2. 小组讨论：我们外出需要注意什么？

小朋友自愿结成六人一组进行讨论。

讨论后小组代表发言：我们组的小朋友觉得出游一定要注意安全，我们平时外出或玩游戏时，老师总教育我们要注意安全，所以，大家一起出去玩一定要注意安全。

教师：怎样做才能注意安全呢？

幼儿：过马路时要看红绿灯，不能跑，跟着自己班级的老师或爸爸妈妈。

幼儿：还应看好自己的东西，人多的地方拥挤，可能会有小偷什么的，咱们要把手机、钱包等贵重物品放好。

幼儿：要准备温开水，及时喝水，出远门还应带一些常用药。

幼儿：如果走丢了，一定要记着找警察叔叔，不能跟陌生人走。

…………

通过小组讨论，大家觉得外出要注意交通安全，注意人身安全和财产安全。

3. 结束部分。

通过讨论秋游前的准备，教师和孩子们列出了详细的出游计划表，把需要带上的物品和出游中需要注意的安全事项都记录下来，然后每个人对照着计划表为周末的出游做好了准备。

【教师思考】

这个活动可以引导大班幼儿做事的计划性，并在其中渗透安全教育的内容。活动后，幼儿和家长一起准备出游前的物品，共同期待周末的秋游活动。

🌈 主题活动反思

1. 组织形式的突破。

在主题活动开展过程中，教师尝试将集体教学与区域活动进行有机结合。如在集体活动"秋游景点竞选"中，五个小组的幼儿运用区域中的游戏材料搭建景点，用自然角的植物来搭建奥林匹克森林公园，用益智区和美工区的材料来搭建游乐园，用建构区的材料搭建四合院。

2. 关注幼儿学习品质的培养。

《指南》指出要重视培养幼儿的学习品质。在合作搭建景点活动中，教师一直肯定赞许幼儿积极主动、认真专注、不怕困难、敢于尝试的行为，引导幼儿自己发现问题、解决问题，并且为他们创造宽松、开放的教育环境，从而促进幼儿良好学习品质的养成。

3. 整合多领域的学习。

主题活动渗透了多领域的学习，如幼儿自编自导的皮影戏体现了艺术领域中鼓励幼儿大胆表现的发展目标；香山的流水设计整合了科学领域的观察、比较和验证的发展目标；景点的介绍为每名幼儿创造了自由表达的机会，引导幼儿在集体中自信勇敢地表达个人见解；竞赛投票环节则隐含了如何对他人进行评价，如何接纳他人提出的意见，体现了社会领域接纳尊重的发展目标。

（北京市海淀区富力桃园幼儿园教师：张冰钰　赵福蓁　范丽娟　穆梦）
（北京市海淀区教师进修学校学前教研员：陈敏倩）

六、我们来演《西游记》(大班)

主题活动由来

国庆节后孩子们带来了许多中国传统故事书，并自发地和同伴讲述。与同伴交流、师生互动后，大家决定开一个故事会。故事会结束后孩子们通过投票发现大家最喜欢的故事出自《西游记》，大家对跌宕起伏的故事情节和拥有神奇本领的孙大圣、铁扇公主等人物相当感兴趣，有的孩子甚至不满足于讲述故事，开始在表演区自发地表演。但是在表演时孩子们发现了许多问题：没有服装、道具、背景墙等，他们想出了很多解决办法，并在区域分享时和全班幼儿讨论，这激发了大家表演《西游记》的热情，于是"我们来演《西游记》"的主题活动应运而生。

主题活动目标

1. 在了解《西游记》故事情节和主要角色特点的基础上，能够围绕主题，完整连贯地讲述故事。

2. 能够发现表演前、表演时、表演后的问题，运用调查、协商、讨论、合作、分享、制订计划等方法解决问题，有针对性地进行探索与尝试。

3. 乐于尝试多种表现形式，能够创造性地表现演出场景、人物形象、故事情节、创意游戏等。

4. 感受故事人物的内在品质，体验合作表演、动手操作、创意游戏带来的快乐和成功感。

主题活动网络图

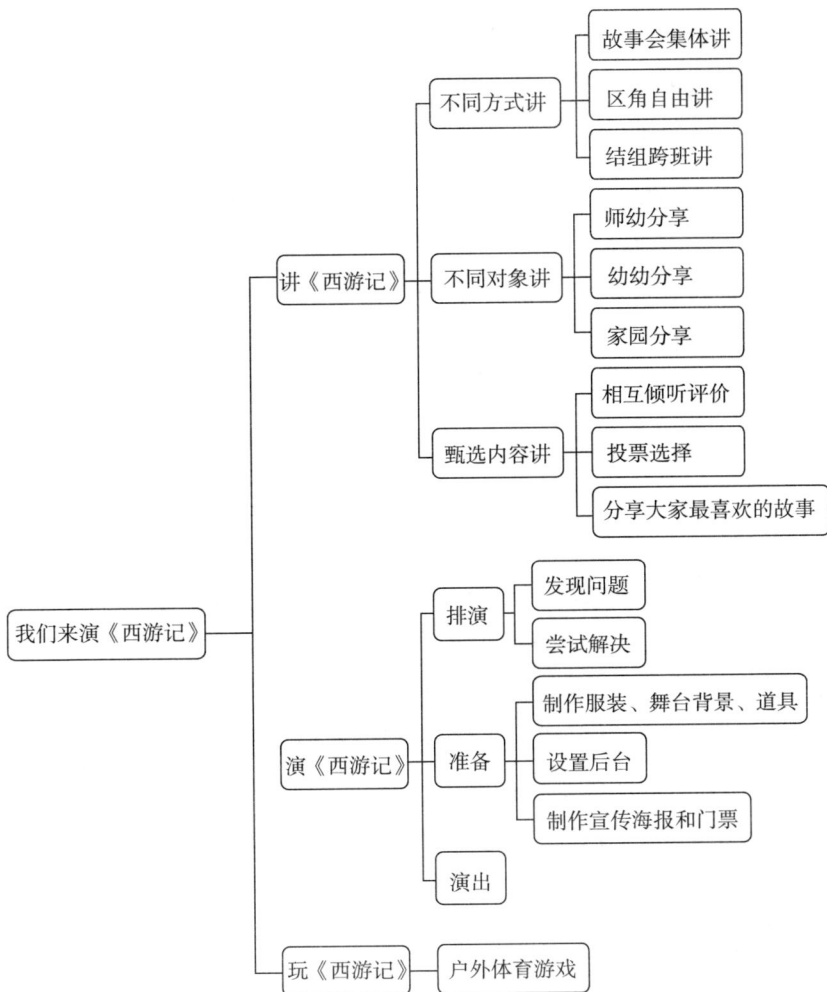

```
                                            ┌─ 故事会集体讲
                              ┌─ 不同方式讲 ─┼─ 区角自由讲
                              │              └─ 结组跨班讲
                              │              ┌─ 师幼分享
                  讲《西游记》─┼─ 不同对象讲 ─┼─ 幼幼分享
                              │              └─ 家园分享
                              │              ┌─ 相互倾听评价
                              └─ 甄选内容讲 ─┼─ 投票选择
                                             └─ 分享大家最喜欢的故事
  我们来演《西游记》                         ┌─ 发现问题
                              ┌─ 排演 ───────┴─ 尝试解决
                              │              ┌─ 制作服装、舞台背景、道具
                  演《西游记》─┼─ 准备 ───────┼─ 设置后台
                              │              └─ 制作宣传海报和门票
                              └─ 演出
                  玩《西游记》─── 户外体育游戏
```

主题活动过程

活动一：我们来讲《西游记》(区域游戏)

【与主题相关的区域】

图书区。

【投放材料】

幼儿自带《西游记》相关的绘本、连环画、自制图书、人物卡片等。

【游戏过程】

情景一：

童童和帆帆聊起中国传统故事，帆帆问童童："爸爸妈妈给你讲了什么故事？""《司马光砸缸》，你呢？"帆帆兴奋地说："爸爸妈妈给我讲了《大战红孩儿》，可好听了！"在童童的强烈要求下，帆帆拿出自己带的《西游记》图画书，一边看一边讲故事。故事虽然很长，但帆帆绘声绘色的讲述深深地吸引了童童。在整个互动过程中两个孩子能够主动交流、认真思考，相互学习，促进了其语言表达能力和倾听能力的发展。

情景二：

图书区，璐璐拿着图书跟两位小朋友讲故事，鹏鹏着急地说："我也想讲！"几位小朋友争先恐后地讲起《西游记》中的故事。教师好奇地上前询问，小朋友们迫不及待地说自己想要给大家讲故事，有《三打白骨精》《三借芭蕉扇》《孙悟空大闹天宫》等。教师引导小朋友说："你们想不想和全班小朋友分享呢？"小朋友们开心地表示非常想，教师再次提问："怎样才能让大家都能听到你们的故事呢？"鹏鹏提议说："我们开个故事会，这样大家就可以听到不同的故事了。"这个建议马上获得了大家的一致赞同，于是师生共同商量，决定开一场班级故事会。

【教师思考】

孩子们愿意分享故事，并敢于提出自己的想法，教师能够尊重幼儿的想法并支持他们的行动，宽松的氛围充分激发了孩子讲述、倾听、分享故事的热情。

活动二：故事大会（集体教学）

【活动目标】

1. 能够认真倾听并与同伴完整、连贯地讲述自己喜欢的中国传统故事。

2. 能够大胆表达自己的想法，通过讨论、投票选出自己最喜欢的故事。

【活动准备】

经验准备：有和家人及同伴讲述中国传统故事的经验，有分组、记录、投票、统计的经验。

物质准备：小组记录表、投票表格、水彩笔、印章等。

【活动重难点】

重点：认真倾听并语句完整、连贯地与同伴分享自己喜欢的中国传统故事。

难点：通过投票、统计等多种方法选出班级幼儿最喜欢的故事。

【活动过程】

1. 师幼共同讨论召开故事会的注意事项，为班级故事会做准备。

教师：我们怎样才能开好故事会呢？听众和讲故事的小朋友应该怎么做呢？

幼儿：听众要认真倾听，不能打搅别人。

幼儿：听众不能随便离开，也不能吃东西、大声说话，我听音乐会时观众都是安静的。

教师：讲故事的小朋友语调、表情、音量应该怎样才能让大家听好故事呢？

幼儿：声音要根据角色定，有高有低、有大有小，我妈妈每天就是这样给我讲故事的，我特别爱听。

幼儿：站在舞台上讲故事不能乱晃，站姿要规矩。

幼儿：表情、语调要根据角色变化而变化，讲到害怕的情节时能让听众也害怕才有意思。

教师小结：在开故事会时我们要做一名文明小听众，认真倾听，不私语、不交流，避免打搅讲故事的小朋友。讲故事的小朋友要声音洪亮、有表情、有语气地讲，就像是故事里的人物说的一样生动。

2. 幼儿分成三组分享故事，其他小朋友欣赏故事并适当做出评价。

教师：我们要认真倾听小朋友讲的故事，请你听完故事后告诉大家，他讲故事时有哪些优点和需要改进的地方？

各组先请一位小朋友讲故事，其他小朋友倾听。

3. 各组幼儿投票选出小组内最最受欢迎的故事。

每个小组的小朋友轮流讲故事，讲完后请小朋友选出自己最喜欢的故事并在记录表上记录下来（如画对勾记录），哪个故事后面的对勾多表示哪个故事最受欢迎，小组成员数出对勾数量后记录员把总数写在最后。

4. 三个小组把投票的结果进行汇总，教师和幼儿共同查看推选结果。

统计结果：得票最多的三个故事分别是：《孙悟空大闹蟠桃盛会》《三打白骨精》《真假美猴王》。

5. 延伸活动——我为身边的人讲《西游记》。

故事会结束后，孩子们讲《西游记》的热情依旧高涨，有的幼儿想跟小班的弟弟妹妹分享，有的想跟自己小区的小伙伴分享，还有的想跟爸爸、妈妈、爷爷、奶奶分享，于是孩子们开启了故事巡讲活动。

接下来小朋友通过讨论制订了分享计划，分时段分小组进入不同的班级给小朋友和老师们分享《西游记》的故事，增强了孩子们的自信心，提高了语言表达能力。

【教师思考】

班级故事会的开展有利于幼儿与同伴主动交流、完整地讲述故事，在此过程中孩子的语言表达能力、倾听能力和交往能力都有提高。通过讨论故事会的形式、民主投票等方式，孩子们的主动性得以充分发挥，主题活动也因此深入开展。

活动三：情境表演《蟠桃园与七仙女》（区域游戏）

【与主题相关的区域】

表演区。

【投放材料】

道具：头饰、话筒、纱巾、发饰等。

【游戏过程】

幼儿在表演区自发地表演节目。

灿灿和铭铭来到表演区商量表演什么，灿灿提议表演故事《蟠桃园与七仙女》。但是，她们发现两个人没办法表演，一番讨论后，两人邀请了很多小伙伴来表演区参与表演。

缘缘说："咱们先选好角色，确定每个人扮演的角色。"小朋友开始自主选择角色，女孩争选七仙女角色，男孩子则商量着孙悟空、土地老儿由谁来扮演。经过协商，鹏鹏扮演孙悟空、大帅扮演土地老儿，可是大家都认为大帅比较高、比较壮，更适合演孙悟空。大帅说："不是魁梧就能演孙悟空，鹏鹏特别灵活，人又机灵，更适合扮演孙悟空"。听了大帅的解释，"仙女们"频频点头，在一旁准备饰演"齐天大圣"的鹏鹏，露出腼腆的微笑，似乎也自信起来。接着幼儿按照分配好的角色开心地表演起来。

第一幕：孙悟空遇见土地老儿。

孙悟空（鹏鹏）：你是谁？（孙悟空理直气壮地问。）

土地老儿（大帅）：我是看管蟠桃园的土地老儿，你是谁？（在一旁的"仙女们"指指点点，似乎发现了问题，璐璐小声嘟囔着："那边，那边，演员的脸冲那边。"）

孙悟空（鹏鹏）：我当然是齐天大圣啦！

土地老儿（大帅）一边指着桃树一边说：大圣，这些桃树是九千年一开花，九千年一结果……（没等土地老儿说完，大圣就把他赶跑了，吃完桃子后在桃树上睡着了……）

第二幕：七仙女与孙大圣。

"仙女们"刚上场，就表演不下去了，纷纷说：我们没有道具、没有服装怎么表演啊？

小演员们经过商量，决定和大家一起在区域活动中制作这些，让表演更加精彩有趣。

【教师思考】

幼儿选择自己喜欢的故事在表演区自发组织表演，并能够与同伴协商分配角色，确定表演主题。他们在活动中能够大胆地表达自己的观点，特别是饰演土地老儿的大帅，用清楚连贯的语言说服了大家，同时还鼓励了个子矮小、饰演孙大圣的鹏鹏，帮助他获得了自信。在活动中，教师给予幼儿的充分活动空间使幼儿的积极主动性得以发挥。大班幼儿有着较为丰富的游戏经验，当他们在表演时发现演员站位及缺乏服装、道具等问题时能够主动协商，并且愿意自己动手解决这些问题。

活动四：制作表演服装与道具（区域游戏）

【与主题相关的区域】

美工区。

【投放材料】

各种制作工具，废旧材料，辅助材料，不同质地的纸，笔，半成品，图例。

【游戏过程】

几位小演员通过讨论，决定邀请班级中几位手巧的小朋友来帮忙制作服装、道具。曦曦就是被邀请的小朋友之一，她平时特别爱做手工，折纸、画画、捏泥都是她擅长的。几位喜欢制作的幼儿也来帮忙，他们自发组成了"制作组"。

情景一：制作道具。

曦曦将棕色的纸黏土搓成长长的一条，叫来饰演孙悟空的小演员，在他的头上围起来试了试，再调整好大小后捏合，这样孙大圣佩戴的紫金冠底座就做好了。紫金冠上最耀眼的就是那两根长长的凤翅，曦曦很认真地开始制作凤翅。她发现凤翅不够长，就继续用泥搓好补上去，直到长度合适为止，做好后她又让小演员试戴，发现两根凤翅居然立不起来。这时教师走过去轻轻地对她说："曦曦，你先想一想，怎么能让很软的泥立起来呢？可以用什么材料帮忙？"曦曦受到启发，经过反复尝试，最后她把三根吸管连接起来，用胶带固定住连接处，再把棕色的纸黏土糊在外面，这样孙大圣的凤翅紫金冠就做好了。

在一旁做金箍棒的两位小朋友似乎察觉到自己用纸做的金箍棒不太结实，不如用一个硬纸筒做，外面再包上红色的纸，这样做出的金箍棒又结实又好看。

情景二：制作服装。

多乐对好朋友说："我们一起来给土地老儿做衣服吧！"两位小伙伴在区域中寻找适合做衣服的材料，他们同时找到了一块深棕色的废旧布料，但是摆弄来摆弄去，不知道怎么才能做出衣服。这时"土地老儿"给他们出主意说："把这块布的中间剪个洞，头就可以伸出来了。"两位小朋友觉得这个主意非常棒，于是拿起剪刀"咔咔"剪出一个洞。没想到"土地老儿"穿上这件衣服时，领口太大了。"土地老儿"瞧着领口说："这个领口有点大，拿夹子夹上就行了。"多乐找来一个夹子夹在领口左侧发现还是大，又拿来另一个夹子夹在领口右侧，这样领口终于变小了。

情景三：制作舞台背景。

蒙蒙和询询准备做一棵大大的蟠桃树做为舞台背景。她们找来一张很大的绿纸来做树叶，可是询询发现没有棕色的树干。萌萌想了想，四处看了看，发现一张用过的棕色褶皱纸，决定用它做树干。材料准备齐全了，两位小朋友开始做树叶，做好树叶又折起桃子，两位小朋友一个接一个的耐心地折，折完后请老师帮忙固定，最终做成了蟠桃树。

【教师思考】

通过动手尝试，孩子们想出了很多解决问题的办法，如怎样让质地柔软的纸黏土立起来，废旧布怎样变成土地老儿的衣服，桃树没有棕色的树干怎么办等。孩子们在解决问题时教师发现他们用语言表述问题的能力很强，且表达清晰、准确。在活动中，孩子们能够自主结伴，积极动脑筋想办法，并且能够听取他人的意见，勇于尝试探索，他们在游戏中丰富着自己的感知体验，在活动中相互学习借鉴。幼儿将来自同伴的、老师的以及自身的所有有益经验进行整合，形成了新经验、新方法。随着主题活动的不断推进，幼儿的学习也向纵深发展。

活动五：设置后台（区域游戏）

【与主题相关的区域】

美工区。

【投放材料】

各种道具、服装、头饰、屏风等。

【游戏过程】

孩子们穿上服装、戴上道具再一次尝试表演，这一次孩子们表演得更投入了，可是"观众们"觉得场面很乱，萌萌找到老师一起给"演员们"提建议。

萌萌：刚才我和老师在观看表演，觉得实在太吵了。

教师：我也觉得有些吵，特别是"七仙女"等待上场的时候都听不到"土地老儿"和"孙悟空"的对话了；还有站位问题，想一想你们看演出时等待上场的演员会在哪儿呢？是在台上吗？

墨墨：等待上场的演员不是在台上，是在后台。

教师：咱们有没有搭建后台呢？咱们班什么位置适合搭建后台呢？

媛媛：我觉得小屋适合。

教师：你们可以试试看。

萌萌：如果等待上场的演员进了小屋，演员演到哪儿她们都不知道了，也不知道自己该什么时候上场了。

墨墨：我们可以把小屋门打开啊！

萌萌：那观众就会看到他们了。

教师：你们还能想到更好的位置吗？

鹏鹏：我们可以用外面的屏风搭建后台！

教师：你们可以试一试！屏风放在哪儿合适呢？

孩子们一起把大屏风搬到了表演区，按照自己的想法摆好。（屏风摆到了舞台旁边的一个小角落，但是道具都暴露在外面了）

教师：你们的道具怎么都在外面啊？

墨墨：这个地方实在太小了，我们还是把屏风放在"水帘洞"（盥洗室）吧，这样道具也有地方放了。

经过一次次地调整，孩子们终于定下了后台设置的地点。为了提示其他小朋友不能随便进入后台，影响演员的准备工作，表演组的小朋友请制作组的小朋友帮忙用纸黏土制作了提示牌挂在后台门口，这样其他人就不会随便进入了。

【教师思考】

孩子们在解决后台设置问题的过程中教师发现，他们的对话就像是一场辩论赛，幼儿在老师的提示下根据对方提出的问题进行辩驳，观点明确、思路清晰。根据讨论结果，孩子们不断尝试、调整后台的位置，在此过程中幼儿不仅提升了表达能力、动手能力，更主要的是思维水平及解决问题的能力都得以提升。

活动六：制作宣传海报和门票（区域游戏）

【与主题相关的区域】

美工区。

【投放材料】

各种笔，纸，门票，海报。

【游戏过程】

如何让幼儿园中其他班级的幼儿知道《西游记》演出即将开始呢？有经验的幼儿提议制作门票和宣传海报，以便让更多小伙伴了解要表演的剧目，于是幼儿开始尝试自己设计宣传海报。在制作过程中小朋友们都很认真，但是他们的经验是零散、片面的，他们制作的海报有的只有画面没有文字说明，有的只有时间和简单的装饰，还有的海报用的纸张很小根本看不清上面的内容。根据幼儿的现有水平，教师拿来宣传海报和门票与孩子们展开讨论。

1. 认识宣传海报。

教师：小朋友们请看我的宣传海报上有哪些内容？

幼儿：海报上有好多字！

幼儿：有好看的图案。

教师：仔细观察一下还有什么？

幼儿：上面还有"票"。

教师：这个是"票"吗？让我们来看一看宣传海报上到底都有哪些内容吧！

教师和幼儿一起按从上到下的顺序梳理海报的内容，有故事或者电影的名称，名称要和演出内容相关，主要角色、故事梗概、演出的时间、地点等重要信息要明确。

2. 请幼儿完善修改自己的海报。

幼儿要补充演出名称，但是不会写字怎么办？大家开始献计献策，有的说请会写字的小朋友或者老师帮忙，有的说在家的时候请家长写好。在教师的引导下，幼儿发现不能把很长的话写在上面，海报要简洁。大家讨论说可以用简单的图案进行说明，孩子们根据讨论的结果继续完善和修改海报，只见他们在自己的演出海报上认真添画着。演出名称绚丽夺目，小小的表盘代表时间、精致的小屋子代表地点……经过孩子们一起努力，一张张精心设计的海报呈现在大家面前，小伙伴们迫不及待地商量张贴的位置、方法等，待达成共识后便行动起来。可是新的问题又来了，想要张贴海报的位置很高够不到怎么办？这时一个个子较高的小男生抱起手持海报的小女生进行张贴。在大家共同努力下完成了张贴海报的任务。

3. 分享经验。

制作海报的幼儿把获得的经验在区域讲评中分享给大家，动员全班幼儿运用设计海报的经验共同制作演出门票。

【教师思考】

在活动中教师没有直接干预幼儿的活动，而是静静地观察、适机进行指导。这不仅给幼儿提供了充分的思考时间与实践空间，更有效地激发了幼儿的学习兴趣和积极主动性。在活动过程中幼儿整合信息的能力、语言表达能力、观察能力、合作能力等都得到了提升。成功的经验让幼儿的学习更加主动，部分幼儿获得新方法后又带动其他幼儿将经验迁移，推动后续活动的深入开展。

活动七：演出开始啦（集体活动）

【活动目标】

1. 能够根据自己的角色明确任务，大胆表演，并且能够和同伴进行合作演出。

2. 感受与同伴共同游戏、学习的快乐，体验成功的喜悦。

【活动准备】

经验准备：幼儿有排练演出的经验。

物质准备：门票，座位安排，音乐，服装道具，后台，引导员绶带。

【活动重难点】

重点：明确自己角色的任务并能大胆地进行表演。

难点：能够与同伴分工合作完成演出。

【活动过程】

1. 向班级教师及同伴分发门票，邀请其他人观看演出。

2. 幼儿布置演出场地，根据数字顺序摆放观众席的座椅。

3. 引导员及检票员站在相应的位置迎接观众，演员在后台化妆准备上场表演。

4. 引导员根据门票上的座位号引导观众入座。

5. 主持人宣布演出开始。

6. 小演员们随音乐开始投入地表演，精彩的演出获得了观众阵阵掌声。

7. 演出结束，小演员们集体谢幕，主持人一一介绍演员、介绍各组的工作人员。

【教师思考】

从开始准备到最后成功演出这个过程中，幼儿获得了丰富的宝贵经验，体验到成功的喜悦。教师始终是幼儿的支持者、合作者、引导者，通过鼓励激发、同伴互助、示范提示、整合资源等方式不断调动幼儿做为主动学习者的内在潜力，帮助幼儿实现综合能力的提升，为幼儿日后的长远发展奠定基础。

活动八：我们来玩《西游记》（户外活动）

【活动目标】

1. 能够与同伴协商、讨论游戏名称、玩法、规则并运用已有经验设计有故事情节的游戏关卡。

2. 喜欢参与有挑战性的体育活动，在游戏中学会保护自己，体验成功的快乐。

【活动准备】

经验准备：幼儿有区域体育游戏的经验。

物质准备：地垫，拱形门，迷彩网，小椅子，腰鼓若干，金箍棒，幼儿绘制的妖怪图样，沙包，自制扁担，高凳子，长板子。

【活动重难点】

重点：与同伴协商游戏名称、玩法、规则，在游戏中提升身体的灵活性和协调性。

难点：能够与同伴协商、合作，创设合理、安全、有关《西游记》故事的游戏关卡。

【活动过程】

孩子们成功演出后，不再满足室内的表演游戏了，他们决定把《西游记》的剧情迁移到户外活动中，于是班级就推出了"三借芭蕉扇""龙宫寻宝""勇闯火焰山""三打白骨精"等户外体育游戏。

幼儿通过协商、讨论选出以下五个故事《夺宝取经》《龙宫寻宝》《三打白骨精》《勇闯火焰山》《寻觅盘丝洞》，利用其故事情节设计游戏情境及关卡。

第一组（龙宫寻宝）。

材料运用：软垫子，高台阶，自制宝物图片若干。

游戏方法：幼儿从高处跳到垫子上，跳得越远获得的宝物越贵重。

锻炼目的：锻炼幼儿的腿部肌肉力量和四肢协调性。

温馨提示：从高处向下跳时要注意安全，落地软垫厚度要适宜，提示幼儿落地时屈膝。

第二组（夺宝取经）。

材料运用：平衡木，木凳，板子，沙包，自制扁担。

游戏方法：幼儿持物保持身体平衡过搭建的平衡木。

锻炼目的：锻炼幼儿的平衡能力。

第三组（三打白骨精）。

材料运用：腰鼓若干，金箍棒，幼儿绘制的白骨精图片。

游戏方法：腰鼓按一定间隔顺序摆放，幼儿手持金箍棒从起点出发绕鼓沿S形路线跑，遇到"白骨精"（图片挂在跑道旁边的树上，高度适宜）后双脚跳起用"金箍棒"击中"白骨精"，到达终点后折返沿直线跑回起点。

锻炼目的：沿S形路线加速跑，锻炼幼儿的身体协调性及控制能力。

第四组（勇闯火焰山）。

材料运用：幼儿用障碍物自制"火焰山"。

游戏方法：幼儿连续跨跳穿越"火焰山"。

锻炼目的：练习连续跨跳，锻炼幼儿腿部肌肉力量及身体的协调性、灵活性。

第五组（寻觅盘丝洞）。

材料运用：塑料拱形门，迷彩网，四块软垫子，小凳子若干。

游戏方法：屈膝钻、匍匐爬通过"盘丝洞"。

锻炼目的：能够在相对低矮的空间里屈膝钻、匍匐爬，锻炼幼儿身体的灵活性、协调性和钻爬能力。

通过游戏体验，幼儿可对每组关卡设计的合理性及游戏方式提出进一步改进的意见，各组不断调整完善。

【教师思考】

教师充分尊重幼儿想在户外"玩西游"的想法，支持幼儿运用已有经验和现有材料设计体育游戏关卡。新奇的玩法再一次使孩子们积极地投入到《西游记》的故事情境中，被赋予情境的区域体育活动更加有趣、充满挑战，孩子们在游戏中不仅锻炼了身体，还学习到《西游记》中人物坚强、勇敢的品质，获得了多方面的发展。

主题活动反思

通过和孩子们一起开展这个主题活动，教师深刻地感受到幼儿是有能力的主动学习者。大班幼儿已有丰富的游戏经验和初步的分工合作意识，在他们喜爱的主题活动中，他们的主观能动性被充分地调动起来，当遇到问题时，他们会主动协商。在活动中，幼儿通过查阅资料、观看视频和与专业演员进行交流、互动等多种途径解决问题，大班活动化共同学习的特点被展现出来，其主动学习的能力得到了发挥。

（北京市海淀区恩济里幼儿园教师：李晓芸　陈玉英　王潇涵　李丹曦）
（北京市海淀区教师进修学校学前教研员：赵蕊莉）

七、我爱爷爷奶奶（大班）

主题活动由来

大班幼儿的动手操作能力、关心服务他人的能力及自主意识比中班幼儿有明显的提升。在各种活动中，他们愿意出主意、乐于实践体验，并通过自己的努力获得成功的快乐。在国庆之后重阳节来临之前的一次谈话中，许多孩子都谈到国庆节回老家和爷爷奶奶在一起的故事，《纲要》和《指南》中指出幼儿要爱父母、爱长辈。教师抓住这一教育点，结合传统节日，开展了主题活动"我爱爷爷奶奶"，引导孩子们充分感受老人对自己的爱，启发孩子们通过直接感知、实际操作和亲身体验等多种方式表达对老人的爱，增进祖辈间的情感，体验重阳节的快乐。

主题活动目标

1. 通过访谈、调查等多种活动了解爷爷奶奶，感受他们对自己的爱。
2. 能够运用不同形式表达对老人的爱，并能将爱付诸于行动。

3. 通过策划"爱老敬老"联欢活动，学会有计划地做事，并提高合作交流能力。

4. 感受重阳节的传统文化，萌发尊老爱老的情感。

主题活动网络图

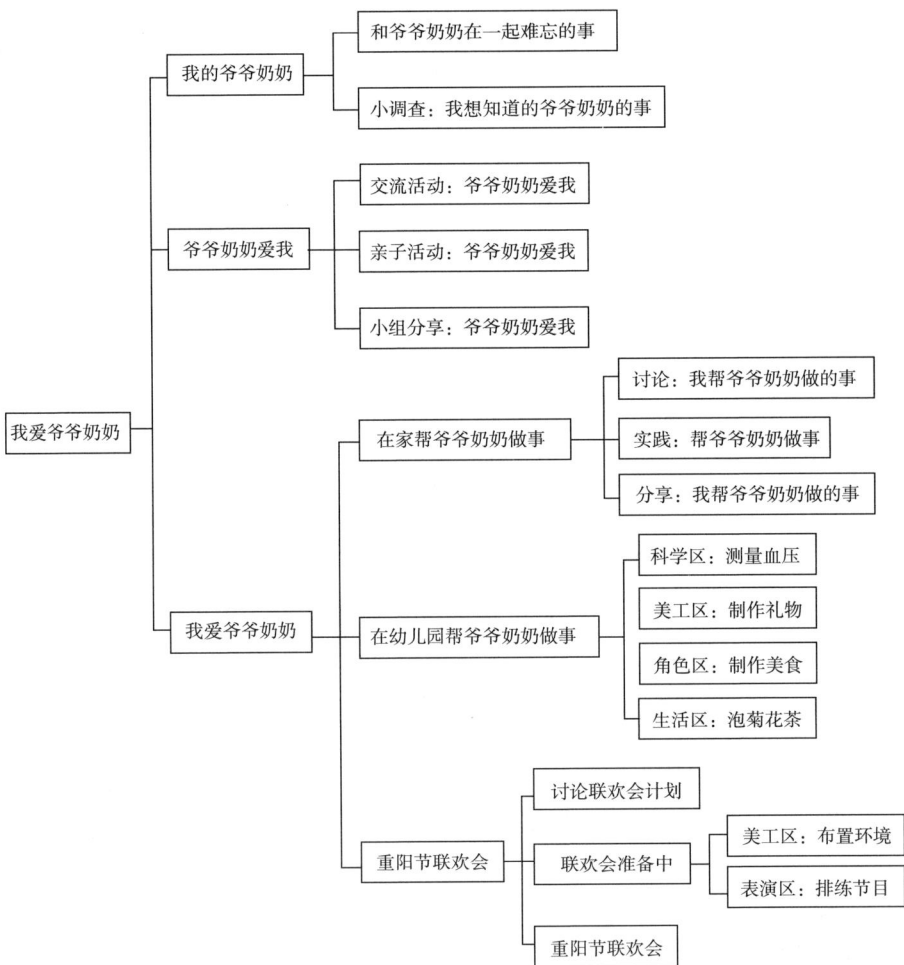

```
                              ┌── 我的爷爷奶奶 ──┬── 和爷爷奶奶在一起难忘的事
                              │                 └── 小调查：我想知道的爷爷奶奶的事
                              │
                              │                 ┌── 交流活动：爷爷奶奶爱我
                              ├── 爷爷奶奶爱我 ──┼── 亲子活动：爷爷奶奶爱我
                              │                 └── 小组分享：爷爷奶奶爱我
                              │
 我爱爷爷奶奶 ──┐              │                        ┌── 讨论：我帮爷爷奶奶做的事
                │              │    在家帮爷爷奶奶做事 ──┼── 实践：帮爷爷奶奶做事
                │              │                        └── 分享：我帮爷爷奶奶做的事
                │              │
                └── 我爱爷爷奶奶 ┤                          ┌── 科学区：测量血压
                               │    在幼儿园帮爷爷奶奶做事 ─┼── 美工区：制作礼物
                               │                          ├── 角色区：制作美食
                               │                          └── 生活区：泡菊花茶
                               │
                               │                 ┌── 讨论联欢会计划
                               └── 重阳节联欢会 ──┼── 联欢会准备中 ──┬── 美工区：布置环境
                                                 │                 └── 表演区：排练节目
                                                 └── 重阳节联欢会
```

主题活动过程

活动一：和爷爷奶奶在一起难忘的事（集体教学）

【活动目标】

1. 能够清楚、连贯地表达和爷爷奶奶在一起的欢乐时光。

2. 通过分享交流活动，初步感受爷爷奶奶对自己的爱。

【活动准备】

经验准备：幼儿回忆与爷爷奶奶在一起难忘的事。

物质准备：与爷爷奶奶在一起的图片、照片。

【活动重难点】

重点：能清楚连贯地分享与爷爷奶奶在一起难忘的事。

难点：在分享过程中感受爷爷奶奶对自己的爱。

【活动过程】

1. 分享国庆假期活动见闻。

教师：小朋友，国庆假期你们去哪儿玩了？

幼儿：我们全家到海边去玩了。

幼儿：爸爸妈妈带我回老家看爷爷奶奶了。

幼儿：爷爷奶奶带着我去公园玩啦。

…………

大多幼儿都说到假期是跟爷爷奶奶在一起度过的。接着，教师引导孩子们分享了和爷爷奶奶（姥姥姥爷）在一起的快乐时光。

2. 和大家说一说"和爷爷奶奶在一起难忘的事"。

教师：小朋友和爷爷奶奶在一起很快乐，大家能不能说一说和爷爷奶奶在一起难忘的事？

幼儿：我最难忘的事是和爷爷在家用电视 K 歌，爷爷唱的儿歌特别好听。

幼儿：姥姥带我去三亚，她给我买了一条裙子，可漂亮啦！她还给自己买了一条，我们在大海里玩得很开心。

幼儿：奶奶带我到当代商城去看音乐喷泉，那边还有鸽子。

3. 分组讨论。

为了让全体幼儿有充分表达的机会，教师请幼儿四人一组交流分享。在分享过程中，有的幼儿说："我和爸爸妈妈从老家坐火车离开时，奶奶都哭了。"通过一个个真实又难忘的事情，孩子们感受到爷爷奶奶在自己生命中的重要，对整个家庭的重要。

4. 体会爷爷奶奶的爱，激发幼儿了解爷爷奶奶的愿望。

教师：大家说了这么多和爷爷奶奶在一起的事，你们有什么感受？

幼儿：奶奶每天照顾我，太辛苦了！

幼儿：爷爷每天接送我来幼儿园，很辛苦！

幼儿：奶奶每天都给我做好吃的，因为她爱我。

教师：爷爷奶奶知道我们喜欢吃什么，喜欢玩什么，你们知道爷爷奶奶喜欢什么吗？

大部分幼儿都摇摇头或是不说话，教师继续引导：你们最想知道爷爷奶奶的什么事呢？

幼儿：我想知道爷爷奶奶多少岁了？

幼儿：我想知道爷爷奶奶喜欢吃什么？

幼儿：我想知道爷爷力气大不大？

幼儿：我想知道奶奶以前是做什么工作的？

【教师思考】

活动中，幼儿讲起许多和爷爷奶奶在一起的欢乐往事。但在最后一个环节，教师问："你知道爷爷奶奶喜欢什么吗？"只有少数幼儿知道，大部分幼儿没有反应。由此可见幼儿对爷爷奶奶的了解并不深入，所以教师顺势引导："你想了解爷爷奶奶的什么事？"进一步激发幼儿了解爷爷奶奶的愿望，同时自然地衔接到下一个调查活动。

活动二：小调查：我想知道的爷爷奶奶的事（集体教学）

【活动目标】

1. 能够用自己的方式记录调查内容，并与大家分享。
2. 在调查过程中感受爷爷奶奶的爱，萌发尊老爱老的情感。

【活动准备】

经验准备：幼儿有了解爷爷奶奶的愿望，能够用自己的方式进行简单记录。

物质准备：白纸，笔。

【活动重难点】

重点：根据自己的想法制订调查计划。

难点：用自己的形式记录调查内容并与大家分享。

【活动过程】

1. 我想知道爷爷奶奶……

教师：在上次活动中，大家说到想要知道爷爷奶奶的哪些事情？

幼儿：我想知道爷爷奶奶多少岁了？

幼儿：我想知道爷爷奶奶喜欢吃什么？

幼儿：我想知道爷爷力气大不大？

幼儿：我想知道奶奶以前是做什么工作的？

教师：这么多问题，我们怎样才能知道答案呢？

幼儿：我们可以把问题记录下来，回家问爷爷奶奶。

幼儿：我爷爷奶奶在老家，怎

对奶奶进行采访

么办?

幼儿: 你可以打电话问, 我爷爷奶奶在西安, 我经常给他们打电话。

幼儿: 还可以视频聊天啊, 这样就能看到他们了。

小结: 经过讨论, 幼儿想出针对不同情况的调查方法: 爷爷奶奶在身边的, 可以直接问爷爷奶奶; 爷爷奶奶不在身边, 可以通过打电话、微信视频、发信息来了解。

2. 我是小小调查员。

(1) 设计调查表。

讨论后, 每位幼儿拿到一张白纸, 开始设计自己的调查表, 以便记录下自己想要了解的爷爷奶奶的事情。

在设计调查表过程中, 幼儿用符号、图画等表示不同的问题, 如对于爷爷奶奶喜欢的东西, 有的幼儿用爱心表示, 有的用笑脸表示, 还有的用"√"表示。在设计活动中, 幼儿充分发挥主动性与计划性, 设计属于自己的调查表。

(2) 调查活动进行中。

幼儿拿着设计好的调查表, 回家对爷爷奶奶进行采访, 并将爷爷奶奶的回答用自己的方式记录下来。

(3) 和大家分享调查结果。

幼儿将调查表完成后, 带回班级, 与大家分享调查内容。

小泽: 我爷爷最喜欢鸟、鱼; 我以为爷爷会下围棋, 但是爷爷不会; 奶奶平时一直吃药, 原来是因为奶奶的血液粘稠, 需要用药物来疏通血管。

安安: 我姥姥以前是老师, 姥爷是警察; 姥姥最喜欢吃土豆, 姥爷最

了解爷爷的爱好

喜欢吃烤鸭；姥姥今年 59 岁，姥爷今年 60 岁；姥姥姥爷的老家都在黑龙江；姥姥最喜欢的事情是看书，姥爷最喜欢的事情是玩电脑。

在分享过程中幼儿说自己调查了爷爷奶奶以前的职业、爷爷奶奶喜欢吃什么、爷爷奶奶的业余爱好以及爷爷奶奶的年龄，还有的幼儿看了爷爷奶奶年轻时的照片、听了爷爷年轻时写的文章。

在调查、采访、分享活动后，每位幼儿对自己的爷爷奶奶有了更进一步的了解。

【教师思考】

在活动中，幼儿充分发挥主观能动性，采用讨论、计划、调查、交流分享等形式解决问题、寻找答案。在这一系列的活动之后，幼儿对爷爷奶奶有了更真实、更全面的了解。在这个过程中，教师作为参与者，充分重视幼儿提出的问题，引导幼儿与同伴一起讨论，推动幼儿自己解决学习过程中遇到的问题。

活动三：爷爷奶奶爱我（小组教学）

【活动目标】
1. 感受爷爷奶奶表达爱的不同形式。
2. 真实地感受爷爷奶奶对自己的爱，增进祖孙感情。

【活动准备】
经验准备：幼儿回忆爷爷奶奶照顾自己的事情。
物质准备：幼儿收集"爷爷奶奶爱我"的图片、照片。

【活动重难点】
重点：分享中感受爷爷奶奶表达爱的形式。
难点：在感受爱的同时增进祖孙感情。

【活动过程】
在"小调查"之后，大家对自己的爷爷奶奶有了更多了解。接下来大家围绕"爷爷奶奶怎样爱我"这一话题展开交流活动，此活动分为三步开展。

第一步，教师引导全体幼儿围绕"爷爷奶奶怎样爱我"这一话题进行交流。幼儿纷纷说道："爷爷奶奶的爱有好多，爷爷奶奶陪我读故事，爷爷送我上幼儿园，奶奶给我洗衣服，爷爷奶奶给我做好吃的，爷爷奶奶陪我逛公园玩等。在交流过程中幼儿能说出爷爷奶奶为自己做的事。

第二步，幼儿带着问题回到家，与爸爸妈妈一起讨论"爷爷奶奶爱我很多、很多"。家长与幼儿一起收集"爷爷奶奶爱我"的照片、视频等资料，帮助幼儿丰富经验，感受爷爷奶奶不同形式的爱。

第三步，幼儿将自己的总结记录和收集的资料带到班级与全班幼儿一起分享。分享时幼儿充满情感地表达获得了同伴们的认可，他们深受感染，争先恐后地说起爷爷奶奶对自己的爱，一时之间，教室里充满了浓浓的"祖孙情"。

【教师思考】

围绕"爷爷奶奶爱我"的话题，幼儿从幼儿园到家、再到幼儿园展开了调查，使活动内容逐步上升。整个活动在老师与幼儿、幼儿与幼儿、家长与幼儿的互动中进行，孩子们的想法得到验证、思路不断拓宽、经验不断丰富，实现了家园一体的教育模式。在此过程中，幼儿不仅回忆起爷爷奶奶为自己的付出。还感受到爷爷奶奶对自己浓浓的爱。"三步走"活动使祖孙情升温、幼儿经验得到提升。

活动四：在家帮爷爷奶奶做事（小组教学）

【活动目标】

1. 通过讨论、亲身实践等方式知道在家里可以为爷爷奶奶做哪些事。

2. 通过帮爷爷奶奶做事，表达对爷爷奶奶的爱。

【活动准备】

幼儿自己想到的为爷爷奶奶做的事。

【活动重难点】

重点：知道可以为爷爷奶奶做哪些事情。

难点：通过帮助爷爷奶奶做事，产生尊老敬老之情。

【活动过程】

1. 怎样爱爷爷奶奶。

教师：我们怎样表达对爷爷奶奶的爱呢？

幼儿：帮助爷爷奶奶做事。

幼儿：给爷爷奶奶捶背。

幼儿：带爷爷奶奶吃大餐。

…………

2. 小组讨论：在家能为爷爷奶奶做什么。

在小组讨论过程中，孩子们想到帮爷爷奶奶扫地、帮奶奶叠衣服、给奶奶捶背、陪爷爷奶奶散步、和爷爷奶奶打电话或视频聊天等方式表达自己对爷爷奶奶的爱。在谈到"给奶奶捶背"时，幼儿对"怎样捶背会更舒服"展开讨论。大家通过互相捶背方式进行体验，最后总结出怎样"捶背"

给奶奶捶背

舒服的方法：捶背时力气不能太大，不然会捶疼；捶背时用力要均匀，不能一直捶一个地方；捶背要从上到下捶，这样才会更舒服。

3. 我是爷爷奶奶的小帮手。

回到家后，孩子们帮爷爷奶奶做力所能及的事情：帮奶奶扫地、浇花，给奶奶捶背，帮爷爷奶奶洗水果、削水果，通过电脑视频与老家的爷爷奶奶聊天、给他们讲笑话等。幼儿选择自己力所能及的事表达对爷爷奶奶的爱。

回到班级后，幼儿积极地与大家分享自己为爷爷奶奶做的事情。

此次活动之后，幼儿每天利用来园、过渡环节等时间与大家分享自己为爷爷奶奶做了什么，爷爷奶奶说了什么。有的幼儿还带来做事时的照片、视频与大家分享，使活动内容更加丰富、真实。

【教师思考】

从讨论到制订计划，再到回家帮爷爷奶奶做事情。整个过程都是在幼儿与同伴交流讨论中自然展开的。活动中教师为幼儿创设宽松、自由的环境，幼儿充分表达自己的想法，发挥主动性将自己的想法落实到实际行动上，还总结出一系列"我是优秀小帮手"的方法，而且利用过渡环节分享给大家。从幼儿每天进班分享活动中，教师感受到幼儿是发自内心地乐于为爷爷奶奶做事。

活动五：重阳节联欢会计划（集体教学）

【活动目标】

1. 通过集体讨论、分组交流等多种形式了解联欢会应做哪些准备。
2. 在集体面前能够大胆清楚地表达自己的观点。

【活动准备】

经验准备：幼儿有开联欢会的经验。

物质准备：纸，笔。

【活动重难点】

重点：通过小组讨论的方法，列出联欢会需要准备的内容。

难点：根据各组任务制订详细的活动计划。

【活动过程】

1. 头脑风暴：怎样庆祝爷爷奶奶的节日。

教师：爷爷奶奶的节日（重阳节）快到了，你们打算怎样为爷爷奶奶庆祝节日呢？

幼儿：我在幼儿园给爷爷奶奶制作礼物。

幼儿：我制作了贺卡送给爷爷奶奶。

幼儿：我在家给爷爷奶奶做好吃的。

幼儿：可不可以在班级开联欢会，请爷爷奶奶过来玩呢？

幼儿：能不能在幼儿园做美食，带回去给爷爷奶奶吃？

孩子们纷纷发言，商量庆祝的方式，经过大家的激烈讨论，最后选出"做礼物""开联欢会""做美食""请进班"四个活动来庆祝爷爷奶奶即将到来的节日。

2. 集体讨论，小组分工。

教师：联欢会要准备什么呢？

幼儿：要把班级装饰得漂漂亮亮的。

幼儿：要准备节目还要有人主持节目。

教师：谁来装饰教室，谁来表演节目呢？

幼儿：我们大家一起来准备吧。

幼儿根据活动需要与自己的兴趣，分成表演组和工作组，开始准备联欢会。工作组的小朋友围绕"联欢会需要哪些东西装饰教室"展开了讨论，他们想到可以用彩旗、花束、拉花、彩灯、彩环、条幅等装饰。彩旗、彩环、拉花可以自己制作，彩灯、花束等可以请爸爸妈妈们帮忙准备。

表演组的小朋友围绕"联欢会可以表演什么"展开了讨论，他们想到可以唱歌、跳舞、玩魔术，可以和爷爷奶奶一起玩游戏，还可以在联欢会上把亲手做的礼物送给爷爷奶奶。

3. 制订计划表。

幼儿根据自己的兴趣进行报名并负责相关的事情。为了方便小组内成员互相了解工作内容，他们将各自负责的内容也放在计划表中，并贴到相应的区域，这样不仅便于同伴之间合作，还能自查本组幼儿开展活动的情况。

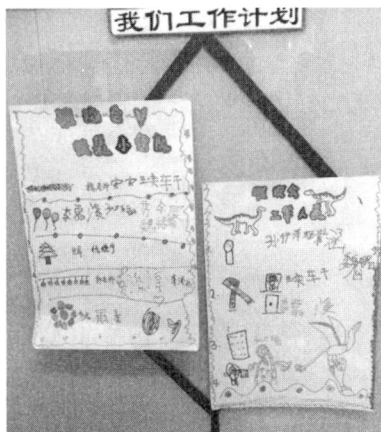

制订的计划表

【教师思考】

整个活动围绕"制订联欢会计划"展开，过程的实施完全以幼儿为中心，能够充分发挥其主观能动性。在活动中，教师充分尊重幼儿的兴趣与意愿，引导幼儿将活动一步一步深入开展。在小组分工活动中，各组幼儿相互协商、相互配合，选择自己感兴趣、擅长的事情做。

活动六：为爷爷奶奶制作礼物（区域游戏）

【与主题相关的区域】

美工区。

【投放材料】

包花束：鲜花，包花束的材料（纸、绳子、拉花）。

制作保健盒：盒子，保健石，胶，泡泡泥。

自制菊花包：各种菊花，手绘钱包，背包，绘画材料，绒球、蕾丝边、纽扣等装饰材料。

【游戏过程】

在讨论"怎样表达我们对爷爷奶奶的爱"时，孩子们都表示可以亲自做一份礼物送给爷爷奶奶。可是做什么礼物送给爷爷奶奶呢，他们喜欢什么呢？孩子们回到家又与爸爸妈妈进行了"秘密交流"（因为要给爷爷奶奶送神秘礼物，所以不能事先让他们知道）。第二天，幼儿带来了各种方案，如：自己制作一幅作品送给爷爷奶奶，送一束鲜花、一个包包、一个按摩器等给爷爷奶奶。有了方案，教师与家长、幼儿一起收集材料，开始为爷爷奶奶制作"神秘礼物"。

制作花束的孩子拿起鲜花、包装纸等材料开始制作捧花，可是在包的过程中孩子们发现花束总是散开。

教师引导：花束总是散开怎么办呢？

幼儿：可以少放几支花，包花的时候就能拿住。

幼儿：可以把绳子系紧一些。

幼儿：可以用绳子先把花枝捆住，固定好，然后再包起来。

孩子们说了很多方法，老师将这些方法记录下来并将记录册张贴在墙上，以便幼儿在后面的操作中参考使用。在实践过程中，幼儿发现先把花枝捆住，再用包装纸包上的"双重保险"方法更实用。在捆花枝时，他们选择毛线、毛根、编织绳、皮筋和麻绳等不同材质的绳子进行实验，最后选出易于操作又实用的毛根和皮筋固定花枝。

在实践中，幼儿除了技能有提高，在感受美、创造美方面也有进步。如：花束怎样搭配才漂亮？主花选择什么样的花？花束中花太杂怎么办？幼儿在不断发现问题、解决问题中提升自己的能力。

制作保健盒和菊花包的孩子在反复的实践中，发挥主观能动性，自主探索，最终找到了正确的制作方法，为爷爷奶奶准备了精美的礼物。

【教师思考】

孩子亲手制作的礼物更能令长辈感受到晚辈的爱心，给爷爷奶奶制作"神秘的礼物"更能激发幼儿参与活动的积极性。在制作中，教师鼓励幼儿自主讨论、自主制作，在这个过程中，幼儿有很多发现，教师将大家的发现和遇到的问题记录下来，便于幼儿互相参考、学习。

活动七： 为爷爷奶奶测血压（区域游戏）

【与主题相关的区域】

科学区。

【投放材料】

血压仪，血压参考表，健康提示卡，笔，胶棒。

【游戏过程】

送礼物、制作美食是孩子们对爷爷奶奶表达爱的方式。测量血压是在家庭小调查中家长提出的建议，家长说："要让孩子学会关注老人的身体。"孩子们对做爷爷奶奶的家庭医生也相当感兴趣。于是，教师邀请幼儿园保健医生讲解"血压小常识"，让幼儿了解到血压是什么？健康血压值是多少？血压高和血压低时要注意什么？

在了解了"健康小常识"后，孩子们开始学习使用血压仪为爷爷奶奶测量血压。测过几次之后，幼儿发现给爷爷奶奶的"温馨提示"，爷爷奶奶回家就忘了。于是，幼儿开始想办法帮助爷爷奶奶记住"温馨提示"。经过商议，他们决定制作一份温馨提示卡，让爷爷奶奶随身带着，以便记住。

宁宁和安安为依依奶奶测量血压时，宁宁一边为奶奶带袖套一边根据奶奶的舒适度调节松紧。安安开始在记录单上记录测量的血压数值，并用自己的方式记下了"温馨提示"。测好后，安安把记录单递给依依奶奶并提示说："您的血压有点高了，您可以根据"温馨提示"来改进，要多运动、多休息、少吃肉、多吃蔬菜水果。"依依奶奶笑着点点头，保证回家要按照小朋友的"温馨提示"保养身体。

活动期间，教师还带孩子们走进社区，开展"爱心测血压"活动。活动中，幼儿认真地为社区的爷爷奶奶测量血压，根据血压情况制作温馨提示卡。

【教师思考】

怎样表达对爷爷奶奶的爱呢？大家想到了制作礼物、制作美食送给爷爷奶奶，或让爷爷奶奶到幼儿园参加庆祝活动。怎样让爷爷奶奶参与到我们的游戏中，让爷爷奶奶走进幼儿园参加活动呢？经过讨论，教师与幼儿决定打破空间限制，邀请爷爷奶奶走进班级。在班级中幼儿为爷爷奶奶制作他们喜爱的礼物、为爷爷奶奶测量血压，爷爷奶奶为幼儿讲自己的故事等。在活动中，老少同乐，一起感受幼儿园大家庭的爱。

活动八：为爷爷奶奶制作美食（区域游戏）

【与主题相关的区域】

角色区。

【投放材料】

面团，擀面杖，案板，托盘，不同馅料，饼干模型。

【游戏过程】

在为爷爷奶奶制作礼物、测量血压后，孩子们想到为爷爷奶奶制作美食。于是，孩子们邀请厨师进班教大家制作饼干，制作好后将饼干包装好，送给爷爷奶奶。

在制作饼干的过程中，幼儿不断尝试把面捏成面团，然后捏薄，再在里面包上馅儿，经过不断尝试和调整，幼儿终于亲手制作出了饼干。幼儿高兴地将第一次烤好的饼干带回家。第二天有的幼儿反馈说："我爷爷特别喜欢这个饼干，但是他不能吃，因为他生病了，不能吃糖。"听到这位小朋友的话，角色区的"小厨师"就开始讨论"什么样的饼干适合爷爷奶奶吃呢?"讨论后，他们决定制作一些无糖的饼干。有的幼儿制作了腰果饼干，当教师问为什么要制作腰果饼干时，幼儿说因为爷爷最爱吃腰果。而饼干里没加坚果的幼儿说："我不能在饼干中加坚果，爷爷老了，牙掉了，吃不了坚果。"

在制作活动中，幼儿根据自己爷爷奶奶的爱好和身体情况制作出不同的饼干。他们还尝试做了不同形状的饼干，有的幼儿做了圆形饼干，有的做了方形饼干，有的做了菱形饼干。教师观察了小朋友制作的饼干，引导说："好多不同形状的饼干啊，但是没有心形的，我要做一个心形的爱心饼干。"教师一边说一边开始制作，幼儿都被吸引过来和老师一起制作。

活动中，幼儿根据自己的需要不断发现-调整-再发现-再调整，随着内容的不断丰富，制作的饼干无论在口味，还是外形上也都在不断变化。

【教师思考】

在活动中，幼儿可以将自己对爷爷奶奶的了解，通过制作不同口感、不同口味的饼干体现出来。在做饼干、送饼干的家园互动中，幼儿不仅对爷爷奶奶有了更加全面、细致的了解，还丰富了幼儿表达情感的方式和方法，学会用多种方式表达自己对爷爷奶奶的爱。

活动九：泡菊花茶（生活活动）

【与主题相关的活动内容】

生活活动：泡菊花茶，饮菊花茶。

【活动目标】

学习泡菊花茶，为开联欢会招待爷爷奶奶做准备。

【活动过程】

幼儿知道菊花有明目降火、抵抗病毒的作用，还能够与其他东西搭配制成各种饮品。重阳节正好是菊花盛开的季节，有的孩子提议泡菊花茶给爷爷奶奶喝，这一提议得到了全班幼儿的赞同。

教师根据需要准备菊花、冰糖、茶壶、开水杯子等，引导幼儿在活动区泡菊花茶。孩子们泡好后进行品尝、改进，一次一次地尝试，希望能泡出更好喝的菊花茶。最后他们还总结出"菊花茶怎样泡更好喝"的好方法。

最后，幼儿一边品尝菊花茶，一边和同伴分享自己的好方法。

【教师思考】

泡菊花茶不仅为幼儿提供了探索实践的机会，还提高了他们主动饮水的积极性。在尝试泡茶——努力泡好茶的过程中，幼儿不断尝试，不断调整"配方"，最终获得了成功。最后，他们将自己的实践经验记录下来，分享给他人。

活动十：重阳节联欢会（集体活动）

【活动目标】

1. 通过为爷爷奶奶举办重阳节联欢会表达对老人的爱。
2. 在活动中学会分工、合作，共同完成任务。

【活动准备】

幼儿制作好的礼物，事先在表演区排练好的节目。

【活动重难点】

重点：通过举办重阳节联欢会表达对老人的敬爱之情。

难点：在活动中学会分工、协商合作。

【活动过程】

1. 联欢会前准备。

在大家的努力下，重阳节联欢会的准备工作接近尾声，孩子们期盼着九月九日的精彩表演，以便献给给爷爷奶奶一份大礼。活动前，幼儿根据自己的计划进行准备：节目组负责服装、道具布置，工作人员安排座位，接待员做接待准备。

2. 联欢会进行中。

爷爷奶奶入场，由接待员引领他们到观众席入座，准备观看节目。表演组进行节目表演，进入游戏环节后与爷爷奶奶玩"你来比划我来猜""请你猜猜我是谁"等。最后，幼儿将自己亲手制作的礼物送给爷爷奶奶。

3. 我的感受。

活动结束后，教师以录音的形式征集了爷爷奶奶的留言，利用过渡环节放给幼儿听。同时，引导幼儿将联欢会从开始准备到结束这一时段中印象最深刻的事情记录下来，梳理相关经验。

【教师思考】

联欢会在大家的欢笑声中圆满结束。活动从筹备、排练到演出，幼儿全程主导、积极参与，真正体验了"我的活动我做主"。通过这次活动，孩子们在解决问题、分工协作、交流沟通等方面取得了非常大的进步与成长。在接下来的活动中，教师要继续营造宽松、自由、开放的环境，让幼儿发挥所长、不断进步。

活动十一：家园共育

【活动目标】

1. 通过交流、讨论等形式调动家长积极性，参与到主题活动中。
2. 家园一体，共同调配资源为幼儿的发展服务。

【活动准备】

家长会资料，家长意见表。

【活动过程】

1. 学初期召开家长会，介绍主题活动的意义与价值。

学期初教师通过个别座谈和家长会形式，介绍了主题活动的意义和价值，争取家长的支持与协助，共同完善主题活动计划和构思。

2. 活动中多角度、全方位的家园互动。

活动过程中我们利用照片、视频等方式帮助家长了解活动进展，家长们给予了大力支持，不仅协助幼儿完成各项工作，还将幼儿在家的准备工作用照片、视频的方式记录下来，发送到班级微信群，与教师、其他家庭进行交流。实现家庭之间、家庭与幼儿园之间多方位的互动。爷爷奶奶走进幼儿园、走进班级，与幼儿一起游戏，给幼儿讲自己的故事，祖孙同乐，真正感受幼儿园大家庭的爱。

3. 家长的肯定与反馈，使整个活动收到良好的效果。

活动后，家长用照片、信息、视频等形式进行积极反馈。在采访中，奶奶表示感受到幼儿最近的变化：一是更加关爱老人，更加愿意主动帮忙做事；二是想更多地了解老人，了解老人的兴趣，爱好等；三是幼儿自理能力明显提高。爸爸妈妈们也有许多感悟，真切地感受到孩子的成长与发展。

🌈 主题活动反思

本主题以"爱"为切入点，在活动中幼儿不仅能感受到长辈对自己的爱，他们还通过不同的形式表达对长辈的爱。

活动重视家园一体，调配资源共同为幼儿的发展服务。在活动开展前召开了家长会，介绍重阳节的意义与价值，教师与家长围绕主题进行了沟通。在活动初期，教师及时将主题活动的内容与进展反馈给家长，以便家长更好地鼓励支持孩子。在调查活动中，爷爷奶奶为幼儿讲述自己的故事，爸爸妈妈找到老人以前的照片、视频等资料，帮助幼儿完成调查活动。幼儿请爷爷奶奶参与到活动中来，老少同乐，感受幼儿园大家庭的爱。整个过程不仅是教师与幼儿一起探索的过程，也是亲子祖孙不断互动的过程。

活动实现了主题与区域的有效整合，区域游戏为主题活动提供了真实可操作的材料，如：在美工区为爷爷奶奶制作礼物，在科学区为爷爷奶奶测量血压，在美食区为爷爷奶奶制作他们喜欢的饼干、点心。

（中国科学院第三幼儿园教师：魏迎迎　刘素芳　王学军）

（北京市海淀区教师进修学校学前教研员：吴采红）

八、童话剧要开演啦（大班）

🐝 主题活动由来

开学初教师观察到本班幼儿的自主性、主动性、计划性比中班时有很大发展。他们思维活跃，喜欢有挑战性的活动，在活动中善于发现问题，但是在主动与他人交往和表达方面还有待加强。西山庭院院区作为书香特色园所，每年12月都会开展"新年童话剧巡演"，巡演活动在全园发起倡议后，本班幼儿就此展开了热烈讨论。因此，教师根据幼儿发展的需要，结合园所的童话剧巡演开展了这一主题活动，为幼儿提供更多表达表现、操作探索、合作交流的机会，支持幼儿主动学习。

主题活动目标

1. 积极参与准备活动和演出活动，能制订合理的计划，并按照计划完成任务，在此过程中能够发现问题并想办法解决问题。

2. 在活动中尝试进行分工、合作，体验与同伴分工、合作的乐趣。

3. 能自信、大胆地运用清楚、连贯的语言表达自己的想法，能生动地表演文学作品。

主题活动网络图

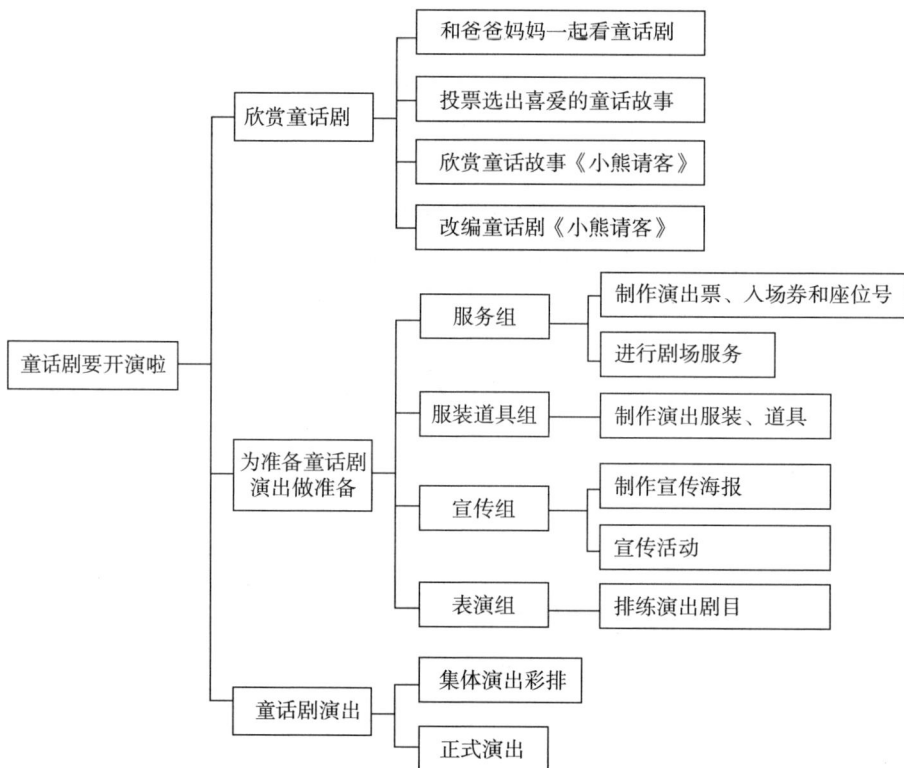

主题活动过程

活动一：故事欣赏《小熊请客》（集体教学）

【活动背景】

在童话剧筹备初期，孩子们就选择哪个故事在全园进行表演展开了热烈的讨论，并开展了有趣的投票活动，通过投票幼儿选出了最喜欢的童话故事——《小熊请客》。

完整的童话剧演出需要做很多准备，教师鼓励家园配合，请家长带领幼儿观看童话剧演出。在亲子观看童话剧后教师带领全班幼儿进行了讨论，孩子们了解到一场精彩的童话剧表演需要有剧场、座椅、舞台背景、道具、服装、音乐、台词、演员等，为后续孩子们准备童话剧演出奠定了基础。

【活动目标】

1. 能够注意倾听，理解故事内容。
2. 理解故事中角色的特征，有感情地学说故事中的角色对话。

【活动准备】

1. 经验准备：幼儿已经了解几种动物的基本特征。
2. 物质准备：故事《小熊请客》的图片。

【活动重难点】

重点：理解故事的主要情节及故事中人物的特点。

难点：用连贯的语言讲述故事中的对话。

【活动过程】

1. 故事猜想。

教师简单介绍故事《小熊请客》，请幼儿结合自己的知识经验猜一猜。

（1）小熊邀请的客人有谁？

（2）狐狸为什么不招人喜欢？

（3）小熊和朋友们能与狐狸成为朋友吗？

2. 讨论故事。

引导幼儿认真倾听故事，并启发他们带着问题听故事验证自己的猜想，在此基础上教师与幼儿讨论每一个角色的特点及心理变化。

3. 复述故事。

引导幼儿复述故事的基本内容，能用不同的语气表达故事中的角色对话。

【教师思考】

活动中教师的提问很关键，能引导幼儿有目的地倾听故事，支持幼儿深入地理解故事，并且为幼儿讲述故事和后续开展童话剧表演活动奠定基础。

活动二：分组报名活动（集体教学）

【活动目标】

1. 能围绕一个话题进行讨论并做到轮流发言，理解、尊重别人的分工选择。

2. 愿意当众表达，表达时自信、自然。

【活动准备】

1. 经验准备：（1）幼儿观看过童话剧表演。

（2）幼儿已经有多次分工合作的经验。

2. 物质准备：记录使用的笔和纸。

【活动重难点】

重点：能够在同伴面前勇敢地表达自己的想法。

难点：能够连贯、清楚、有序地讲述。

【活动过程】

1. 回顾经验，讨论一场成功的童话剧演出需要做好哪些准备。

教师：一场成功的童话剧演出需要哪些工作人员？需要做好哪些工作准备？

教师鼓励幼儿回忆观看童话剧表演中的分工，启发他们大胆表达自己的想法。教师帮助幼儿记录、梳理表达的内容，同时有计划地将内容归类。

孩子们已经有观看童话剧的经验，能够非常清晰地说出童话剧表演要有演员（演员要穿上适合角色的服装）、有道具、有宣传海报、有引导员、有观众席，并且观众席上的座位号与入场券上的座位号要对应等。因此，根据讨论结果，孩子们成立了服装道具组、宣传组、表演组、服务组四个小组。

2. 幼儿自愿报名参与各组的工作。

教师：你想参加哪个组的工作，能做哪些工作？

请小朋友以自愿报名的方式选择自己想要参加的工作组，并在展板上签名。

3. 工作组讨论各自的职责和任务。

幼儿按照自己的意愿进入工作组，根据已有经验交流本组工作职责内容，并在记录单上做好记录。在这个过程中教师鼓励每一位幼儿表达自己的想法，认真倾听并学会轮流表达。

报名参加服务组

记录本组工作内容

【教师思考】

孩子们根据自己的爱好报名参加各组的工作时，有的幼儿既想参加服装道具组又想参加宣传组，但由于时间冲突只能参与一个组的工作，在反复思考后他们能做出选择。在选择时能看出他们内心的犹豫，其实，这是幼儿在根据自己的经验、兴趣爱好、学习能力、心理素质、性别等自我权衡和判断。这个时候，教师没有给幼儿任何的暗示和引导，而是为他们留出时间和空间思考判断，让他们自己选择。

活动三：设计、制作演出服装和道具（区域游戏）

【与主题相关的区域】

美工区。

【投放材料】

各种类型的笔、纸、颜料、造型材料（纸黏土、胶泥）等，幼儿在日常生活中搜集的树枝、树叶、石头、砖头、饮料瓶、花瓶等，装饰用的贴纸、珠子、装饰纸等。

【游戏过程】

结合主题活动的开展和幼儿的游戏需求，教师与幼儿一起搜集、投放了与主题相关的区域材料，以便孩子们在区域游戏时自主选择。服装道具组的幼儿在美工区接收订单的同时，根据表演剧情的需要给定制服装的小演员提建议，他们商议妥当后，服装道具组的幼儿将最后的讨论结果一一记录下来。

随后，幼儿利用自己搜集的废旧材料按分工进行紧锣密鼓的制作。他们尝试用废旧牛奶箱和牙膏盒制作大树，尝试用包装纸、果壳、珠子、毛根、水果保护网等材料装饰服装。在服装装饰过程中，幼儿遇到了困难："老师，漂亮的珠子和果壳不容易粘贴到衣服上怎么办？"教师鼓励幼儿交流讨论想办法解决。他们讨论之后尝试用双面胶、胶枪、胶棒、胶条等进行加固，解决了果壳粘贴的问题。因见过老师用针线给同伴缝衣服，幼儿想到固定珠子的好主意，即用针线将珠子缝到设计好的衣服上，他们还主动邀请老师来教他们如何用针线穿珠子。

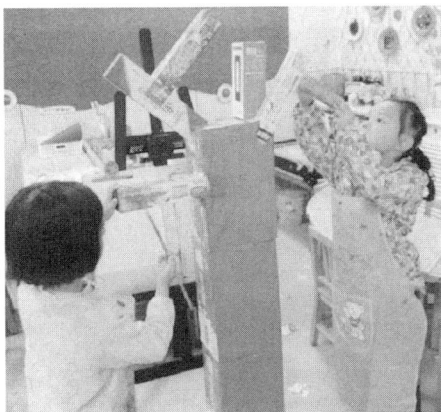

制作大树

绘制背景墙饰

绘制图案

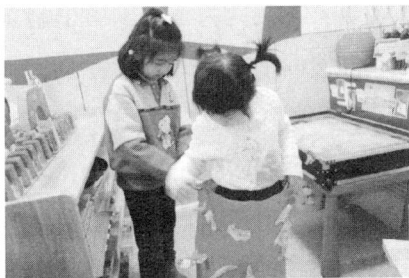

试穿服装

制作服装架

衣服做好了

【活动思考】

教师有意识地在区域中提供丰富的操作材料，为幼儿实践尝试做准备。在尝试的过程中幼儿能够从容、自主地进行交流，讨论发现的问题，并在老师的引导和鼓励下说出自己的想法，协商解决遇到的问题，进而合作完成任务。

活动四：大树能站起来吗（区域游戏）

【与主题相关的区域】

美工区。

【材料投放】

各种类型的纸、笔、颜料、造型材料（纸黏土、胶泥）和工具，幼儿在日常生活中搜集的树枝、树叶、石头、砖头、饮料瓶、花瓶等。

【游戏过程】

幼儿在美工区为童话剧演出制作了道具"大树"，可是在摆放时遇到了问题：用废旧纸筒制作的"大树"立不起来。怎样让"大树"站起来呢？

孩子们纷纷想办法出主意，乐乐说："用石头把大树卡住！"美美说："可以把大树放在花瓶里，这样肯定不会倒下！"晨晨说："我觉得多找一些树枝可以把大树支起来。"萌萌说："把橡皮泥放在大树最下边垫住，大树就可以站起来！"……教师引导每个孩子按照自己的设想反复尝试。在尝试时，孩子都兴奋地向同伴介绍自己的创意方法，有的方法可以让大树立住，有的方法不太合适，立大树立不住的孩子欣然接受其他小朋友的建议。

尝试固定"大树"（一）　　　尝试固定"大树"（二）

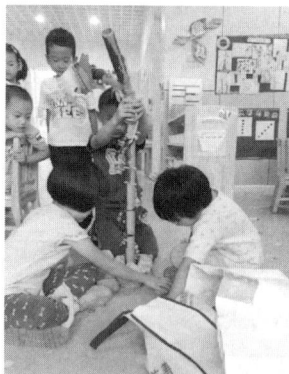

尝试固定"大树"（三）　　　　　　尝试固定"大树"（四）

在活动过程中，教师始终站在幼儿身后，用积极的语言鼓励他们，让他们在宽松、自然、和谐的氛围中实践探索，一遍一遍地调整、改进。

【教师思考】

在活动中，教师努力践行"尊重孩子、相信孩子"的理念，把解决问题的权利和机会充分留给孩子，尊重他们的想法，支持他们在亲身实践的基础上得出正确的结论。

活动五：排练童话剧《小熊请客》（区域游戏）

【与主题相关的区域】

表演区。

【投放材料】

鼓、串铃、沙锤、双响筒等乐器，音乐播放器，剪辑好的音乐，各类表演服装。

【游戏过程】

小演员们自主在表演区排练童话剧《小熊请客》。

教师：小观众觉得小演员表演得怎么样，好不好？

幼儿：他们表演得好！

教师：好在哪儿？说出好的地方鼓励他们继续努力。

幼儿："狐狸"的台词说得特别清楚。

教师：你们觉得小演员有没有需要改进的地方？

幼儿："狐狸"生气的时候还在笑，这时他不应该笑。

教师：生气的时候应该有什么样的表情？谁来试一试？

教师请幼儿做出生气的表情，幼儿撅起嘴来、板着脸、眼睛怒视着大家。

"狐狸"：我马上就改过来！

服装道具组的小朋友一起制作了演出节目单和背景幕布，并在演出时根据节目顺序和内容进行更换。

制作背景幕布　　　　　　　　　　　　制作好的背景幕布

【教师思考】

表演组的幼儿每天都主动排练故事《小熊请客》，他们互相观看对方的表演，大方地指出同伴表演中的优势和不足，正在表演的小朋友虚心接受大家的建议，在反复尝试中学会尊重和接纳他人的建议。

活动六：搭建小飞龙剧场（区域游戏）

【与主题相关的区域】

建筑区。

【投放材料】

各种形状的木质积木，纸杯，奶粉桶，易拉罐，小飞龙玩偶，自制大树，楼层隔板，笔，设计用的纸张，垫板。

【游戏过程】

1. 搭建各个场点。

在建筑区，幼儿设计即将搭建的建筑并将其绘在画纸上，接着将每一层所需的积木提前规划好。在搭建中，他们的主动性和积极性都很高。通过与同伴协商，反复尝试，他们成功搭建了"小飞龙童话剧院""小飞龙音乐剧场""停车楼"。

2. 场点连接。

几个场点搭建完了，怎样将它们用路连接起来呢？搭建小路需要什么材料呢？由于搭建几个场点后剩的积木不多了，可供选择的类型有限，孩子们纷纷想办法出主意。晨晨说："铺路一定要用长条的木质积木。"乐乐说："长条积木不多了，可以用短一些的积木拼接起来。"美美说："我们先把剩下的积木拿出来放到这里，看看怎么用合适吧！"

美美的提议得到大家的认可，孩子们将不同大小、形状的积木分成几堆，根据积木设计搭建路线。路线设计好之后，孩子们分工搭建，小路很快就搭建好了。

搭建路线

连接小路搭好了

【教师思考】

在活动中，孩子们遇到问题时老师没有急于参与到孩子们的游戏中，而是倾听他们的想法，结合实际给予他们沟通和表达的空间。在搭建连接各场点的小路时，有效的连接对孩子们来说是难点，但是在讨论后，看似困难的问题在他们主动思考和勇敢尝试中迎刃而解了。

活动七：设计宣传海报、入场券和座位号码牌（区域游戏）

【与主题相关的区域】

美工区。

【材料投放】

宣传海报，入场券（门票），旧杂志、纸盒、布头、棉花、瓶子等废旧物品，树叶、豆子、石头等自然物品，不同材质、大小的纸张，各种各样的笔，胶棒，双面胶，胶水，乳胶，剪刀。

【游戏过程】

1. 讨论宣传海报、入场券的各要素。

教师向幼儿展示宣传海报和入场券（门票），请幼儿观察。教师引导幼儿发现宣传海报和入场券包含的关键要素。海报上必须有演出时间、演出地点、演出内容等具体细节，入场券上应该有演出时间、地点、演出内容、座位号码。

2. 设计和制作宣传海报。

了解了宣传海报和入场券的关键要素后，孩子们开始动手制作。辰辰说："我们用彩色笔在纸上画小熊、小猫、小狗……这样大家一看就知道是什么节目啦。"豆豆说："还可以从书中找一些小动物的图片，剪下来贴在海报纸上。"元元说："咱们看看旧的儿童画报里有没有合适的图片吧，这样能快一点完成……"大家赞成他们的提议，开始在儿童画报上寻找合适的图片。小朋友们商定在海报最醒目的位置写上"童话剧：小熊请客"，之后他们剪下旧画报上的小动物图案，贴在海报上，在海报下半部分写好演出的地址、日期和时间，又贴上许多闪亮的星星点缀其间。

3. 设计和制作入场券。

在前期的集体讨论中幼儿知道了入场券上的内容应该有剧目名称、演出时间、座位号码，在制作时小朋友们进一步讨论了细节。桃子说："入场券要方便小朋友拿在手里，不能太大。"小宝说："也不能太小，入场券上还要写童话剧的名字、时间和座位号码呢。"米米说："座位号码怎么写呢？"三位小朋友一致认为入场券上要有两个数字，第一个数字代表第几排，第二个数字代表第几排的第几个座位。达成共识之后，他们马上进入制作环节。

4. 设计和制作座位号码牌。

幼儿剪裁座位号码牌，冰冰将一个号码牌放在椅子靠背上试了试，对小伙伴们说："你们看一看大小合适吗？"乐乐说："纸有点大了，还可以再小一点。"于是冰冰、乐乐和小美修剪号码牌。修剪好后，三人商量如何标注座位号码，冰冰说："座位号码牌上的数字要与入场券上的一致，这样观众才能找到座位。"小美和乐乐赞成冰冰的提议，三人开始制作起来。

【教师思考】

集体活动中的分享和讨论为幼儿在区域中的制作奠定了基础，适宜的材料、教师的指导是支持幼儿进行合理计划、分工合作、完成制作的关键。在活动过程中幼儿积极思考、探究合作，按计划完成了海报、入场券和座位号码牌的制作。

活动八：彩排活动（集体教学）

【活动目标】

1. 在排练活动中明确自己要做的事情，能够发现问题并乐于尝试解决。

2. 能运用清楚、连贯的语言，大胆地表达自己的想法。

3. 体验与同伴分工合作的乐趣。

【活动准备】

1. 经验准备：

　　　　（1）幼儿观看过童话剧表演。

　　　　（2）幼儿已根据自己的兴趣分为了表演组、服装道具组、服务组、宣传组，并根据计划进行了的准备。

　　　　（3）在全园宣传过童话剧的演出时间和观看地址。

2. 物质准备：自制道具，自制服装，黑板，记录纸，笔，各组工作牌，自制入场票、座位贴等。

【活动过程】

1. 通过回顾之前的准备情况，激发幼儿参与活动的兴趣。

教师：小朋友一直在为童话剧表演做准备，你们记得今天是我们计划中的什么日子吗？

幼儿：彩排的日子。

请幼儿在主题活动的计划中将每一个重要日期做好标注，张贴在主题墙上，使每一个工作组都明确自己的计划和工作内容。

2. 各组幼儿做演出前的准备，体验分工合作的乐趣。

教师：我们在集体彩排中计划分四个组，分别是什么组呢？每个组的工作任务是什么？

各组回顾和明确计划。

服装道具组：将制作好的道具放在合适的演出位置，为演员更换服装并及时补妆。

宣传组：为参加彩排的观众发放自制的入场券，并向观众简单介绍童话剧，引领观众入座。

服务组：布置演出场地，摆放观众坐椅，贴好观众座位号码。

表演组：表演童话剧。

3. 彩排正式开始,"观众"观看彩排。

(1) 宣传组的幼儿引导"观众"入场就坐。

教师:票上的号码是什么意思?

幼儿:票上的号码是第几排第几个座位的编号,如"3-6"是第三排第六个座位。

教师:你们可以说什么?

幼儿:可以说我来带你找座位吧。

幼儿:还可以说老师我来帮您找座位吧,您的票可以给我看看吗?

教师:看看我们的票够不够,一排几个座位?

幼儿:一排十一个座位。

教师:你们想怎么发票?

幼儿:先把票按顺序整理好之后再发。

教师:怎么引导观众就坐?

幼儿:大人坐最后一排,大朋友坐中间一排,小朋友坐前两排。

教师:为什么?

幼儿:因为大人个子高,坐前边会遮挡小朋友的视线。

教师:怎样发票才能实现你们的设想,让小朋友坐前边,大朋友坐后边?

幼儿:把后两排的票发给老师。

(2) 表演组的幼儿开始演出,按照故事中角色顺序顺次出场。

(3) 道具组的幼儿及时为演出场地和演员更换道具。

4. 通过讨论,引导幼儿发现演出中精彩的地方和存着的问题,并大胆表达自己的想法,教师运用图文的形式记录幼儿的想法。

教师:刚才小演员们提到一个问题"这个地方小,不方便跳舞",我们怎么解决呢?

幼儿:我们可以围着桌子跳舞。

教师:服装道具组的小朋友有什么好办法?

幼儿:我们在摆道具的时候可以摆在旁边,这样中间的场地就大了。

教师：小演员表演得怎么样？小演员哪里表演得好？哪里还可以更好？

幼儿：小熊的声音不像以前那么小了，今天的声音特别洪亮。

教师：小熊应该怎样唱歌呢？他的声音应是细细的还是粗粗的？

幼儿：小熊的声音是粗粗的、厚厚的。

教师：其他小动物的声音是什么样的？

…………

教师：小朋友们梳理出这么多表演的好方法，希望我们在下午排练时，表演组能用上它们。

5. 通过分享引导幼儿知道做事不怕困难，有信心、能坚持，就一定能够成功。

梳理表演方法

表演准备

正在表演

精彩的表演

教师：小朋友，你们知道"台上一分钟，台下十年功"是什么意思吗？

幼儿：要想上台，就要在台下练习很长时间，不停地改进。

教师：咱们大一班的小朋友为了给弟弟妹妹表演一场精彩的童话剧，已经准备了很长时间，每位小朋友都认真排练，付出了很多努力，同时也遇到了很多困难，在遇到难题时大家都能积极动脑想办法解决问题。老师希望小朋友以后不管遇到多大的困难，都能像这次筹备童话剧一样，不怕困难、积极想办法解决问题。

【延伸活动】

1. 引导服务组、服装道具组、宣传组的幼儿，针对第一次彩排中出现的问题进行讨论。

2. 各组幼儿做第二次彩排的详细分工。

【教师思考】

在活动过程中，教师对幼儿遇到的问题进行随机指导，支持、鼓励幼儿主动参与到活动中，大胆表现，感受创造、合作、表演的乐趣，并引导幼儿分享收获、思考解决遇到的问题，帮助他们整理和归纳学习经验，让他们从中体验到积极参与活动的快乐，感受自己是活动的主人。

活动九：正式演出（集体教学）

【活动目标】

1. 能主动参与到童话剧演出活动中，在表演中能够大胆地展现自我，感受表演的乐趣。

2. 能主动承担和按计划完成本组的工作任务。

【活动准备】

1. 经验准备：

（1）看过童话剧，之前进行过演出彩排。

　　　　（2）设计过海报、座位号牌，制作过服装道具，进行过
　　　　　宣传等活动。

　　　　（3）已经进行了分组，分别为：服装道具组、表演组、
　　　　　服务组、宣传组。

　　2. 物质准备：多功能厅，自制道具，自制服装，入场券，宣传海报，座位号牌等。

【活动过程】

1. 明确自己的工作任务，做好服务工作。

各组幼儿能够按照每组的工作计划，积极为全园小朋友做好服务。现在小朋友已经能够做到心中有数和工作有序，能够比较从容地完成自己的工作任务。

2. 表演正式开始。

表演组的幼儿站在大舞台也能够大方自信，没有丝毫怯场，能够比较到位地表现出每个角色的特征。

3. 表演结束，引导幼儿协作整理会场。

4. 表演后总结。

在表演结束后，教师引导幼儿回顾今天表演、服务的过程，总结经验。

【教师思考】

童话剧表演圆满落下了帷幕，它也成为幼儿难以忘怀的回忆，因为他们从中感受到成功的快乐，增强了自信。在活动中，每一位幼儿的成长和进步都在最后的正式表演与服务活动中得到了最佳的展示，在其中体会到成就感的不仅仅是幼儿，还有班级的每一位老师。

　　附：童话剧《小熊请客》

　　幼儿（主持人）：老师们、小朋友们大家好，今天是我们大一班小朋友第一次表演童话剧《小熊请客》，请大家欣赏。

第一幕。

狐狸：我的名字叫红狐狸，没有朋友、没亲戚，谁看见我都讨厌，说我骄傲霸道没礼貌。太阳升得高又高，肚子饿得瘪瘪的，还是没有吃东西，哎，我还是在大树下休息一会儿吧。

小猫：喵喵喵，真呀真快活，今天过节小熊请客，我要到它家里去，又吃又玩又唱歌，喵喵喵……喵喵喵……

狐狸：哎呀呀，原来是你呀小懒猫，你的歌声真难听，你要到哪里去？

小猫：今天过节小熊请客，我要到它家里去，又吃又玩又唱歌，真呀真快乐！

狐狸：小懒猫，你能带我一起去吗？

小猫：你……红狐狸，没礼貌，骄傲又霸道，还想白白吃东西，我才不要带你去。

狐狸：气死我了！哼，这只小猫真不是好东西！看我以后怎么收拾你。

小狗：汪汪汪，真呀真快活，今天过节小熊请客，我要到它家里去，又吃又玩又唱歌，汪汪汪……汪汪汪……

狐狸：哎呀呀，原来是你呀赖皮狗，你的歌声真难听，你要到哪里去？

小狗：今天过节小熊请客，我要到它家里去，又吃又玩又唱歌，真呀真快乐！

狐狸：赖皮狗，你能带我一起去吗？

小狗：你……红狐狸，没礼貌，骄傲又霸道，还想白白吃东西，我才不要带你去。

狐狸：气死我了！哼，这只小狗真不是好东西！看我以后怎么收拾你。

小鸡：叽叽叽，真呀真快活，今天过节小熊请客，我要到它家里去，又吃又玩又唱歌，叽叽叽……叽叽叽……

狐狸：哎呀呀，原来是你呀小丑鸡，你的歌声真难听，你要到哪里去？

小鸡：今天过节小熊请客，我要到它家里去，又吃又玩又唱歌，真呀真快乐！

狐狸：小丑鸡，你能带我一起去吗？

小鸡：你……红狐狸，没礼貌，骄傲又霸道，还想白白吃东西，我才不要带你去。

狐狸：气死我了！哼，这只小丑鸡真不是好东西！看我待会儿怎么收拾你。

幕落，服装道具组的幼儿更换道具。

幼儿：把大树放在这里，咱俩一起搬。

幼儿：拱形门放在这里合适。

幼儿：我来摆盘子和勺子，一共摆三份。

教师：服装道具组的小朋友检查一下道具，看看还缺什么？

幼儿：还缺三把椅子。

教师：小朋友，在更换道具的时候速度应该快还是慢？

幼儿：要快。

教师：我们要合理分工速度才能更快，一会儿请服装道具组的小朋友再详细分工。

教师：摆好啦，下去吧！

第二幕。

小猫、小狗、小鸡：（敲门）咚咚咚！

小熊：谁呀？

小猫：是我，小猫咪！

小狗：是我，小花狗！

小鸡：是我，小公鸡！

小熊：原来是你们呀，快请进，快请进！快来吃点东西吧，这是骨头、小虫和小鱼，随便吃，别客气！

小猫：骨头、小虫我不爱，小小鱼儿我最喜欢。

小狗：小虫、骨头我不爱，小小骨头我最喜欢。

小鸡：骨头、小鱼我不爱，小小虫儿我最喜欢。

狐狸：（敲门）咚咚咚！

小熊：你们听，又有客人来了。

小熊、小猫、小狗、小鸡：谁呀？

狐狸：是我呀，我是红狐狸！

小熊、小猫、小狗、小鸡：啊！原来是这个坏东西，不开不开我们不开！

狐狸：我不再说你们是坏东西，今后做文明讲理的好狐狸，请你们开开门，请你们开开门吧！

小熊、小猫、小狗、小鸡：那你说话可要算数。

狐狸：好的，我一定说话算数！

小猫：我们给它开门吧！

（小熊打开门，狐狸进来说：谢谢！）

小熊：我们一起来跳个舞吧！

狐狸、小猫、小狗、小鸡：好啊，我们一起跳吧！

主题活动反思

（一）孩子的成长变化。

1. 孩子们从不善表达到现在喜欢表达，而且能够逻辑清晰、生动有序地表达自己的想法。

在主题活动开展过程中，教师用孩子们喜爱的童话剧来点燃他们表达表现的热情，通过主题讨论、小组合作、集体分享经验和表演剧目等多种活动形式，为孩子们提供表达表现和交流想法的时间和空间，并在活动中对于每一个孩子的进步给予及时肯定，对他们提出的每一个想法给予及时回应，渐渐地孩子们的自信心不断增强，变得想说、爱说、爱表现了。

2. 计划与合作能力增强。

在主题活动开展过程中，孩子们有大量的活动是以小组合作的形式开展的，每组幼儿根据本组要完成的任务来制订计划、安排分工，在这个过程中孩子们体验到只有分工明确、互相协作，才能又快又好地完成计划。同时，也从中学习到一些分工的方法和合作的策略，如在制作演出票时，有的幼儿负责书写座位号码，有的负责装饰票面。

3. 幼儿发现问题和解决问题的能力得到提升。

在四个组的准备过程中，都会遇到各种不同的问题，孩子们能够积极地想办法和尝试解决，在讨论中也能够做到尊重别人的观点。如服务组摆放椅子时，孩子们提出一排摆10把椅子，但这样摆椅子挨得特别紧，小朋友想走出来比较困难。于是服务组的小朋友经过讨论商量出5把椅子为一组，一排两组，中间留一条过道，这样出入就方便了。

（二）教师的体会。

1. 活动设计基于幼儿的发展。

一方面，教师对于幼儿发展水平的分析非常关键。该主题活动设计考虑到本班幼儿在表达、表现方面的特点，设计了多种给予幼儿表达机会的活动形式，使幼儿在这方面有很大进步；另一方面，教师能够调查和分析幼儿关于童话剧表演和服务方面的已有经验，并以家园共育的方式请家长与幼儿一起到剧院观看演出，感受真实的剧场环境，孩子们能够清晰地表达童话剧表演需要服装、道具、座椅、座位号、宣传海报、演出票等要素，为主题活动开展做好经验铺垫，保障后续活动的顺利开展。

2. 学习方式符合大班幼儿的年龄特点。

根据大班幼儿"活动化共同学习"的主要特点，结合主题活动内容，孩子们自主、自愿分成表演、服务、宣传、服装道具四个小组，各组幼儿共同制订计划、搜集材料、分享交流、合作解决演出过程中遇到的困难，一起学习和成长。小组共同学习的方式，有效地激发了幼儿学习的积极性，促进了他们多方面的发展。

3. 教师放手，给予幼儿更多自主发展的空间。

在活动中，教师始终努力让幼儿做活动的主人，让幼儿先行，教师在身后支持，给予幼儿发现问题和解决问题的空间。如在解决怎样让大树站起来、怎样把不同的建筑连接起来、怎样让观众进出方便、怎样表演更能体现角色的特征、怎样更换道具不会影响表演等问题中，幼儿不怕失败、勇敢尝试，体验到了成功的快乐，树立了自信心，培养了良好的学习品质。

（北京市六一幼儿院教师：殷珺 杨意 尹磊 李硕 朱金岭）

（北京市海淀区教师进修学校学前教研员：张瑞芳）

第二节　生活活动

我的生活我做主（大班）

🐝 活动由来

幼儿是在日常生活和游戏中学习与发展的，在生活中学习是重要的教育手段之一。在幼儿的一日生活中，教师受原有教育意识的影响，常常追求整齐划一的生活活动安排，会存在主导、高控、包办代替等不利于幼儿主动学习的教育行为，会影响幼儿独立性和自主性的养成。本活动通过自主化的生活活动，支持幼儿自己管理自己的生活，逐渐形成独立思考、自我判断、自我决策的意识，从而释放他们的潜能，让他们在自主的状态下去解决生活中的问题。

🐤 活动目标

1. 学习在生活中制订计划，养成独立自主做事的意识。
2. 在生活中学会分享、分工、合作，尝试解决遇到的问题。

✈ 活动过程

（一）水果时间。

教师将原来固定在集体教学活动之后的加餐环节，调整到集体教学活动之前的区域游戏中进行。这既增加了幼儿的游戏时间，又为幼儿提供了一个自主选择、独立进餐的锻炼机会。在区域游戏环节中，教师专门选靠近盥洗室的地方新建了一个生活区，作为每天的加餐场地。在老师的引导下，每天值日生会提前给大家做好加餐准备，如提前切好水果等。其他幼儿在值日生完成准备工作后，就可以自主选择时间来生活区用加餐、吃水果。这样的安排有利于幼儿提高动手能力和服务同伴的意识，促使他们想办法解决活动过程中出现的各种问题。

（二）自助餐时间。

由原来的教师分餐的进餐方式改为幼儿自己盛饭菜的自助方式。教师支持值日生做好餐前准备，鼓励幼儿参与餐前礼仪、自己取餐、快乐用餐、餐后整理的全过程，引导幼儿学会健康饮食、合理饮食，从被动地吃变为主动地吃，并且吃的快乐、吃出健康。同时还引导幼儿了解自助餐的礼仪，培养文明的饮食习惯，养成会分享、能互助的行为习惯。

活动一：水果时间

【活动目标】

在加餐中学会制订计划，并能够发现问题、解决问题。

【投放材料】

水果、盘子、夹子、水果刀、彩板、牙签桶等。

【活动重难点】

合理安排自己的时间，提升解决问题的能力。

【活动过程】

1. 切水果。

教师支持幼儿使用水果板和刀具自己切水果。为保证幼儿的用刀安全，老师可以先将苹果削皮并切成两半，之后再由值日生用水果刀再次分切。在活动中，教师特别强调安全用刀：把水果扣放在水果板上，双手拿刀放在水果上，然后按压刀并切开水果。开始老师也担心孩子们切到手，经过观察发现，孩子们已有自我保护意识，慢慢地从生疏到熟练，掌握了切水果的技能。

2. 分水果。

在吃水果时，有的小朋友想添加一些水果，但又怕别人不够，这时值日生就把多出来的水果单独放到一个盘子中，孩子们可以根据需要自己去切一小块，添放在自己盘子中。

3. 巧妙手环。

因为加餐环节融合在区域游戏中进行，幼儿都是自己选择时间灵活地来生活区吃水果，怎么区分谁吃过谁没有吃过水果呢？大家通过讨论提出一个建议——用手环做标记。值日生在准备加餐时，首先要数一数今天到了多少位小朋友，然后根据小朋友的出勤人数数出相应数量的手环放在小筐里。每位小朋友来吃水果时先带上手环，这样值日生要提醒没吃水果的小朋友时，只要先看一看他们有没有戴手环就知道了。

4. 解决问题。

有时候会有些幼儿因为玩游戏太专注，忘记去吃水果。为解决这个问题，老师组织幼儿讨论提出三条建议：（1）离水果时间还有十分钟时进行音乐提示；（2）值日生进行提醒；（3）小朋友自己学习看钟表。

附：水果环节

1. 每位幼儿入园后都会挂上自己的小毛巾，值日生通过点数毛巾数量，统计今天来园小朋友的人数，为分发水果做准备。

2. 清点手环。值日生按照幼儿出勤人数准备手环，每位小朋友加餐前要带上手环，以便确定谁吃过水果。

3. 值日生在保育员老师的引导下准备水果，并按来园幼儿的人数分好水果。

4. 值日生摆放水果餐桌。

5. 值日生将抹布叠放好，擦拭就餐桌面。

6. 值日生负责用小水壶接水，摆放在生活区桌面上，每桌一壶。

7. 值日生负责摆放好吃水果用的牙签。

8. 值日生提示小朋友开始吃水果，同时也用音乐和提示录音进行提示。

9. 小朋友取"占区卡"，放在没有做完的游戏材料上，表示这份材料一会儿还要继续玩。

10. 看生活区有了空位，幼儿搬椅子进入生活区准备吃水果。

11. 吃水果前先带手环。

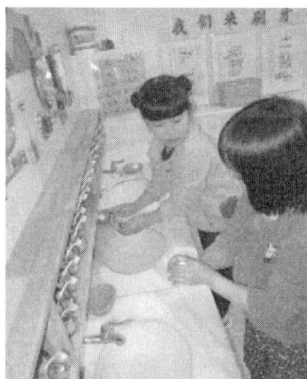

12. 到盥洗室洗手。

13. 取小水果盘，夹取水果。大班幼儿正处在换牙期，幼儿可根据自己的需要将大块的水果换为小块，以便食用。

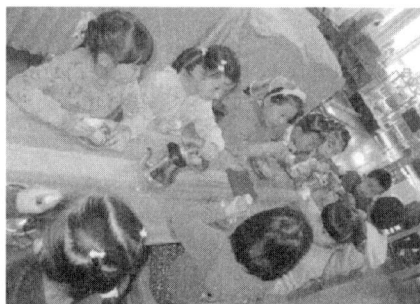

14. 幼儿在生活区吃水果。

15. 幼儿吃完水果后将果盘中的残渣倒入垃圾筐中。

16. 幼儿将果盘拿到盥洗室冲洗干净，放到果盘架上。

17. 幼儿取下毛巾擦手之后取水杯，回到生活区喝水。

18. 幼儿取桌上的小水壶为自己倒水。

19. 喝完水后，幼儿将小水杯放回。

20. 幼儿搬椅子，回到活动区继续游戏。如果提前放置了占区卡，先将"占区卡"放回。

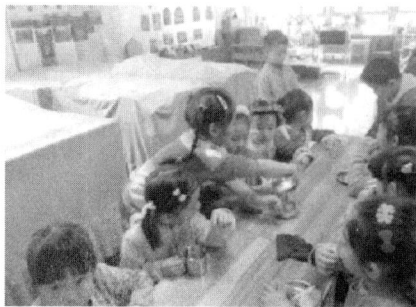

21.水壶里的水没有了，值日生负责添水。

22.加餐时间即将结束，值日清点手环，并负责到各区提示还没有吃水果的小朋友到生活区吃水果。

【教师思考】

从培养幼儿的独立自主性来说，教师应把自主权交给幼儿，让他们尝试自己做计划。在活动过程中出现问题，引导幼儿自己解决，培养他们独立思考、独立解决问题的能力。

在引导幼儿解决问题时，应以民主的态度疏导，让他们在宽松愉悦的氛围中表达自己的想法。在生活中，看似一个小小的水果环节，却能激发孩子的主动性、服务性、自主性、自律性、计划性等，让他们学会合理安排时间，自己的事情自己做，培养良好的生活习惯。

活动二：文明自助餐

【活动目标】

1.学习自助餐礼仪，懂得礼让排队。

2.珍惜粮食、爱惜食物，养成不贪吃、不挑食的健康进餐习惯。

3.能够主动管理自己的生活。

【活动准备】

提前布置好用餐场地，统一摆放餐点、餐具、纸巾，提早放置垃圾桶、毛巾等。

【活动重难点】

养成良好的文明用餐习惯。

【活动过程】

1. 值日生提醒小朋友饭前要洗干净小手，轻拿轻放取餐具，正确使用夹子和公用勺，食物夹子不混用，夹食物时不掉地上。

2. 幼儿根据需要拿取食物，一次不拿太多，避免浪费，不挑食，能够荤素、干稀合理搭配食物。拿取食品时要有秩序，学会等待，人多时不拥挤、互相谦让。

排队取餐（一）

排队取餐（二）

文明用餐（一）

文明用餐（二）

3. 幼儿进餐结束后，引导幼儿进行餐后整理，如分类送餐具、整理桌面、洗手、漱口等。

🌈 活动反思

1. 鼓励幼儿独立做事。教师应鼓励幼儿在生活中自主学习，独立做力所能及的事，尝试做有一定困难的事情，遇到困难不轻易放弃，能坚持。在生活中，即使幼儿做得不够好也应该给予鼓励，让他们在做事中树立自尊和自信。

2. 营造融洽的氛围。教师要营造一个愉快的就餐氛围，让孩子开开心心地吃饭，尽量不要在饭桌上斥责孩子，这样会影响孩子的就餐情绪。创设一个健康宽松的就餐环境，改变"过多强调纪律"的就餐活动，树立正确的儿童观和教育观，才能使幼儿在进餐活动中身心都得到健康发展。

3. 支持自我服务。如为大班幼儿准备擦桌子的小抹布、公共盘子，在不小心倒翻汤汁时，能尝试自己擦拭，提高幼儿的自我服务意识。通过这种环境的创设发挥环境的隐性作用，帮助家长及幼儿了解进餐中的相应要求。大班幼儿更注重自我服务和自我能力的培养，通过选派值日生自主管理的方法，既可以提高幼儿为他人服务的意识，又可以提高幼儿的自我管理能力。

4. 自主解决问题。有一次，两位小朋友都说是自己先拿到夹子的，他们各持己见，互不相让，其他孩子的注意力都被他们吸引过来了，见此情景，教师并没有急于给出评判，而是请其他小朋友一起来讨论。孩子们纷纷发表自己的见解，说："应该谦让有序地排队取餐，这样才文明礼貌。"争执的两个孩子听到大家的意见也相互谦让起来，大家很快又投入到了有序的取餐环节。

总而言之，好习惯的养成需要教师和幼儿共同努力，孩子在集体环境中形成的自觉行为，会为以后成长打下良好的基础。

（中国石油集团科学技术研究院有限公司幼儿园教师：宋丹　杨莉）

（北京市海淀区教师进修学校教研员：周立莉）

第三节 区域游戏

一、自主游戏 快乐发展（大班）

游戏由来

区域游戏是幼儿最喜爱的一种活动，也是他们通过感知、操作、探索、发现、交往等获得经验的教育途径之一。教师必须调整理念引导幼儿自主学习，根据他们的兴趣及时投放游戏材料，正确发挥自身的指导和评价作用，让幼儿享受到在区域活动中自主游戏的快乐，从而有效地促进幼儿全面发展。《幼儿园快乐与发展》课程中提到："大班阶段的幼儿自控能力增强，合作能力增强，认知积极性和认知能力增强，抽象逻辑思维能力也开始发展。"同时，即将步入小学生活也需要他们开始适应集体教育形式。因此，与他人一起共同学习是他们能完成的，也是他们需要的。但是他们仍然处于幼儿期，游戏仍是他们的主要活动形式，所以这时的集体活动或共同学习还应该是游戏化的、活动化的。基于此，教师根据幼儿的发展需求和年龄特点，在活动室创设了丰富多样的区域游戏，引导幼儿逐步养成认真专注、不怕困难、敢于探究与尝试、乐于想象与创造等学习品质。

游戏目标

1. 能够按照自己的想法和意愿制订活动计划，愿意自主实施计划。

2. 通过与教师不同方式的互动，能够增强自信，提高主动发展和自主学习的能力。

3. 通过区域分享，提高语言表达能力。

游戏准备

活动室：美工区，科学区，益智区，数学区，语言区，图书区。

睡眠室：拼插创意区，棋类区。

阳　　台：建筑区，表演区，自然角。

游戏过程

根据大班幼儿的年龄特点和本班幼儿实际发展水平，结合班级空间条件，教师在睡眠室创设了棋类区和拼插创意区两个相对需要安静思考和专注拼插的游戏区，在阳台上创设了表演区和建筑区两个更需要幼儿协商合作的游戏区域，同时将自然角设置在阳光可以照射到的阳台上，并留有一定的空间供幼儿照顾、观察动植物。根据需求将图书区和语言区安排在活动室内光线比较好的窗户旁，将美工区安排在盥洗室附近，以便孩子们清洗绘画工具。纵观整个布局，所有区域的选择和安排都是为了更好地支持幼儿主动学习。

1. 结合大班孩子的年龄特点，为了引导他们初步形成做事的计划性，在他们每天离园前，可以自主选择第二天区域活动的内容。

2. 次日，幼儿按照自己选择的区域开展游戏，既能发挥他们的主动性，又体现了自主、自愿的游戏原则。教师关注幼儿的选择情况，做到心中有数，以便更有针对性地指导。

3. 在区域游戏过程中，首先教师要作为幼儿游戏的参与者，如教师与幼儿一起下棋，既能激发幼儿的兴趣，又能深入地了解不同幼儿的游戏水平。其次教师要做游戏的观察者，如观察语言区的三位幼儿相互交流："小牛出去玩了，它碰到了小青蛙，咱们编一个儿歌吧。"其中一个孩子提议，两个同伴表示同意。之后她们开始表演自己创编的故事，一边表演一边商量，从中可以看出她们的游戏已经有了一定的计划性，合作能力逐步增强。再次教师还要作为幼儿游戏的支持者和引导者，如引导美工区的两位幼儿接着前一天没有完成的作品继续制作，并商量着为瓢虫挑选合适的眼睛，"瓜子太小，木块太大，扣子最合适"；鼓励科学区的幼儿根据图例进行合作搭建，并不断挑战更高难度。又如教师正在益智区和玩"不掉的小球"游戏的两名幼儿沟通怎样抽取木棍才能让小球保持不掉，并鼓励她们按照自己的想法再次尝试。

在整个区域游戏过程中，教师能够观察幼儿、了解幼儿的游戏需要，从而采取适宜的方式与幼儿对话，支持幼儿更加自主地开展游戏。

案例一：有趣的关联图

【与活动相关的区域】

益智区。

【活动准备】

经验准备：幼儿能够寻找相同的图案进行配对。

物质准备：不同层次的关联图案，多米诺骨牌，多种镶嵌类材料，几何逻辑板材料，多种重叠木质材料，不同层次的穿编、等分、分类等游戏材料。

【指导要点】

1. 通过观察、寻找与样板有关联的图案进行配对，完成游戏并验证结果。

2. 教师通过微笑、点头、手势等肢体动作鼓励幼儿持续探究。

【游戏过程】

在区域活动时佳怡选择在益智区寻找关联图案进行配对游戏，她选择了一幅自己喜欢的图板和相关的图片，并按照图片上的记号找到与之搭配的方形图片。

通过观察她的游戏过程，教师能够看到她较强的学习能力及游戏专注度。教师在旁边观察幼儿的游戏情况，当发现幼儿遇到困难迟疑时，并不急于干预，而是给她独立思考和解决问题的空间。当佳怡完成摆放后，她又仔细地检查了一遍，从这个细节能够反映出她具备良好的学习习惯。佳怡确定完成作品后将图板拿开，翻转过来进行对照，结果图案完全一致，她成功地完成了挑战。这时教师微笑地看着她并用手势给予肯定，将赞扬和鼓励通过动作和肢体传递给幼儿，从而激发幼儿参与游戏的积极性和主动性。

【教师思考】

有时候，教师只需要做一名静静的观察者，当幼儿完成游戏并取得成功时，教师的表情、动作和手势也能够帮助他们建立自信，激发他们参与游戏的积极性和主动性。

案例二：用什么连接更合适

【与活动相关的区域】

美工区。

【活动准备】

经验准备：幼儿能够正确地使用各类工具、材料进行创作。

物质准备：自然材料，如泥巴、树枝、石头、贝壳等。

　　　　　废旧材料，如纸碗、纸杯、瓶子、瓶盖等。

　　　　　美工材料，如各种纸、颜料、画笔、毛根、橡皮泥等。

　　　　　半成品材料，如面具模型、数字油画、纸绳画等。

【活动重难点】

引导幼儿通过直接感知和实际操作，发现材料之间的连接选用什么材料更适宜。

【游戏过程】

莹莹和悦悦两位小朋友来到美工区继续制作昨天没有完成的瓢虫。她们选取了一筐材料，依次放在瓢虫身上尝试用哪种材料当做瓢虫身上的斑点更合适，两人经过尝试后决定选用黑色扣子。怎样把扣子粘贴在瓢虫身上呢？悦悦选择了胶棒进行粘贴，但莹莹觉得乳胶和胶水更适宜，她们取了这两样材料，逐一尝试。她们尝试用胶棒粘贴时发现粘不住，又尝试用乳胶粘贴时发现乳胶比较稀，会流得到处都是，不美观；最后莹莹尝试用胶水进行粘贴，粘贴成功了。随后悦悦主动去挑选其余的 6 个扣子（由此可见该幼儿的合作意识非常强），她们一同将剩余的扣子和瓢虫的身体粘在一起。

接下来，两个孩子商量给瓢虫做头，"用黑色的纸黏土吧！"莹莹提议并取来了材料，悦悦取来了毛根和剪刀，制作触角。悦悦一边观察着莹莹制作的瓢虫头，一边调整着触角的长短（可以看出幼儿具备一定的目测能力）。调整好触角后她又取来了不同型号的"眼睛"备用，当她们准备使用胶水连接瓢虫的头和身体时，发现胶水挤不出来了，两人分别尝试挤压都无法将瓶里的胶水挤出来。经过反复尝试，最后莹莹将胶水瓶的盖子直接拧开，将胶水倒在了瓢虫头部需要连接的部位，由于倒出的胶水太多，不小心蹭到了桌面，悦悦看到立即取来纸巾擦拭。

悦悦取了一对儿"眼睛"放在瓢虫的头部摆了摆，莹莹说："有点儿小，我觉第二层盒子里的'眼睛'更合适。"（幼儿的建议说明她对区域材料的了解程度和熟悉程度。）悦悦听取了同伴的建议。选好瓢虫的眼睛后，两个人准备粘贴。在粘贴时莹莹选择用胶水，悦悦选择用胶棒，在莹莹看到悦悦用胶棒先把一只眼睛固定好后，她放下了手中的胶水，拿过胶棒将另一只眼睛也固定好（莹莹及时调整粘贴材料，说明同伴间能够相互学习，同时也是促进幼儿发展的一个有效的学习方式）。

"你能不能帮我拿一块红泥（纸黏土）给它做个嘴巴？"莹莹和悦悦商量说，悦悦取来材料递给同伴，自己又去取了毛根准备做瓢虫的腿。她将一根毛根平均剪成了四段，莹莹观察了一会对她说："我觉得你不用剪短了，再剪它的腿就太短了！"在莹莹的建议下，教师本以为悦悦会直接丢掉剪短的毛根，取来新的毛根重新再剪，但没想到她将之前剪短的两段毛根两端拧在一起，变成了一根长一些的毛根（孩子一个不经意的行为，让教师感到惊讶，惊讶于幼儿的灵活反应，也惊讶于她们节省材料的意识）。

瓢虫的腿调整好后，悦悦选择用胶棒连接瓢虫的腿和身体，结果没有成功。莹莹建议说："要不咱们用订书器试一试？"两人一同取了订书器，莹莹首先尝试并对悦悦说："哎呀，这个'腿'老跑，不好订在一块，要不你来试一试?"悦悦接过订书器试了试还是不成功。她和莹莹商量:"要不咱们用胶枪试一试?""那就试试吧。"莹莹赞同。在班级环境创设时,幼儿曾经见老师使用过胶枪,当幼儿向老师求助时,老师将胶枪预热后给了幼儿,并叮嘱她们小心别被枪头烫到。两名幼儿轮流尝试用胶枪将瓢虫的腿和身体连接在一起,在固定腿的时候非常小心地用手指将"腿"按在身体上,连接好瓢虫的腿后,她们兴奋地和教师说: "我们的瓢虫做好啦!"

【教师思考】

结合班级近期目标和主题活动目标,教师在美工区提供了各种材质的纸张、装饰品和工具材料(供幼儿制作昆虫)。在制作瓢虫过程中,丰富、适宜的游戏材料可以供幼儿反复操作和多次尝试,幼儿经过一次次的尝试和不断思考,最终获得了成功。在此,教师充当了材料的提供者和游戏的鼓励者,有效地支持了幼儿的自主游戏,促进了幼儿的主动学习。

案例三:滚珠桥

【与活动相关的区域】

科学区。

【活动准备】

经验准备:幼儿能根据图例完成简单的搭建,初步了解不同颜色木块的功能。

物质准备:滚珠桥游戏材料,电磁类游戏材料,机械组合材料,各种透镜,折射镜,平面镜,齿轮类材料,力和声的游戏材料。

【活动重难点】

鼓励幼儿在原有搭建的基础上,根据木块的不同功能,调整或增加材料,完成更有难度的搭建。

【游戏过程】

1. 搭建轨道。

牛牛和陈添按照图例完成了挑战并取得了成功，兴奋地演示给老师看，教师通过语言进行鼓励和肯定并对幼儿提出了更高的挑战："在已经搭建好的基础上进行创新。"陈添在原有基础上将轨道增高，牛牛帮忙找材料，"这个可以吗？"陈添问老师。"很好，但我觉得你还可以搭得更好，这边能不能再搭一些和另一边连起来呢？"教师为了激发幼儿挑战新任务的兴趣，指着红色的木块问他们："这个红色的木块有什么功能？""小球可以双向滚动。"孩子们回答。"那能不能在这里再连出一条轨道？"教师继续问。牛牛有点不确定地回答："可以吧。"陈添立即提出不同意见："我想从这块绿色的开始搭，因为从红色的开始搭不行。""为什么？"牛牛追问。"因为这块绿色的下面没有通道，小球没办法通过它到达红色木块的位置。"陈添解释说。"哦，不同颜色的木块构造是不一样的，牛牛你发现了吗？""我早就发现了。""那你真厉害，所以你们在选择木块的时候要根据搭建的路线决定，需要好好考虑一下。"牛牛和陈添对这个游戏的材料比较了解，尤其是陈添，对不同颜色小木块的功能心中有数。

在和牛牛交流的过程中，陈添又搭好了一条路线的两组支点，"牛牛你能帮我一下吗？""可以。""你帮我把这块撤掉。""可是有点高啊？"牛牛有些为难。"我来帮你。"在陈添的指导下，教师协助幼儿完成这部分的搭建，两个孩子边尝试边调整，又搭建出一节轨道，"这个地方需要一个橙色木块。"陈添一边说一边找。"为什么需要橙色呢？其他颜色不行吗？"教师引导问。"因为橙色的木块四周是封闭的，小球不会漏出来。"陈添解释道。"哦，原来是这样啊？"教师用赞赏的语气鼓励他（在这个环节教师故意"装糊涂"，以游戏伙伴的身份向幼儿请教，帮助幼儿建立自信，同时也能够看出幼儿对材料的熟悉程度）。

"这里需要一个'小飞机'（幼儿给零件起的名字）。"陈添对牛牛说。牛牛找到了零件并交给陈添。在和幼儿一同尝试的时候，教师发现小球无法滚到新连接的轨道上，需要直接将小球塞进绿色木块里才能滚到新轨道上来。"你们一起想办法调整一下吧，不然新搭建的轨道就没有意义了。"教师再次提出整改任务，两个孩子陷入思考之中。"能不能在这一层搭出一条轨道，把这个木块（绿色）更换成红色的？"教师的提示让幼儿立即有了想法，他们开始调整。在这个过程中，最上面的轨道不小心被碰掉了，牛牛赶紧进行修复，陈添继续连接两边的轨道，最后调整好了。"这次可以了，我觉得这个调整特别好，解决了之前小球无法滚到新轨道上的问题。"教师表扬幼儿的同时又提出了新的挑战："其实我觉得你们可以在这里再加一条轨道试一试，让小球这样滚动。"教师拿了一条轨道比划着。"好主意！"牛牛拍手称赞。

在整个游戏过程中，两名幼儿之间的分工、合作比较明确，从按图例搭建——创新搭建——发现问题——调整搭建——解决问题这一过程，教师给幼儿提出了一个又一个问题。教师欣赏、支持幼儿的游戏行为，发现闪光点并给予及时肯定，不仅激发了幼儿自主学习的兴趣，也提高了幼儿自主学习的能力。

2. 区域讲评。

很多幼儿都愿意在区域分享环节和同伴分享自己的收获和喜悦，看到幼儿按捺不住的激情，让我们一起聆听吧！

（1）美工区的小朋友结合照片分享了今天制作过程中的发现，并为全班幼儿展示成品，同时根据自己的经验介绍胶棒、双面胶、乳胶和胶枪分别适宜连接哪些材质的物品。

（2）科学区的小朋友分享自己游戏成功后的喜悦，同时结合实物展示两位小朋友根据自己的意愿设计的新轨道，介绍每块积木的功能，还进行了演示。

小朋友分享之后，教师进行小结，对幼儿游戏情况给予肯定和鼓励，同时也建议幼儿去科学区、美工区、益智区等区域进行挑战。

3. 分小组分享交流。

幼儿自愿前往不同区域欣赏同伴的作品，彼此之间互相交流，有几名幼儿对建筑区小朋友搭建的立交桥提出了更好的建议，如在高速公路上搭建一个电子广播台播报天气，提醒司机注意行车安全，可以看出这个建议幼儿将日常生活中的经验迁移到了游戏中；美工区的幼儿向来美工区欣赏瓢虫的小朋友介绍了自己的作品，当提到用胶枪连接的腿部时，一名幼儿还亲手摸了摸，体验热熔胶连接后的触感；部分幼儿非常兴奋地去科学区体验小球在滚珠桥上自上而下的滚落过程，体验多条轨道和出口给他们带来的惊喜，为了避免太多的小球一同滚落发生脱轨现象，科学区的幼儿还指挥控制投放小球的节奏，幼儿积极投入的状态让教师也情不自禁地想去试一试。

🌈 区域游戏反思

在整个区域游戏过程中，教师始终重视幼儿自主发展，如幼儿自己制订第二天的区域活动计划，区域游戏中遇到问题主动寻求解决的方法，同伴之间的自主合作、互助，游戏结束后自主收放材料。教师能够尊重幼儿的意愿、支持幼儿的探究，为幼儿创设了一个宽松、愉悦、自主的游戏环境。同时，教师根据幼儿的兴趣、结合活动内容及本班幼儿发展水平，为幼儿提供了丰富、适宜、具有层次性的游戏材料，充分满足不同发展水平的幼儿操作和探究。一个眼神、一个动作、一句提问、一段互动讨论、一个任务挑战，都能帮助幼儿在游戏中得到发展、收获和提升，最可贵的是孩子们能够充分享受区域游戏的过程，当教师大胆放手、将自主权交给幼儿的时候，他们也会回馈给教师更多的惊喜。

（北京明天幼稚集团教师：王娟　刘禹）

（北京市海淀区教师进修学校学前教研员：吴采红　周立莉）

二、我的游戏我做主（混龄）

游戏目标

1. 在游戏过程中能够打破班级和年龄界限，通过自主结伴参与游戏、自主选择游戏区域和游戏内容、自主选择游戏材料和游戏方式，发挥学习自主性。

2. 在游戏活动中能够动手、动脑，与环境、材料互动，与同伴、教师互动，与所遇到的问题和困难互动，并在互动过程中感知不同社会场所、体验不同社会角色、理解并遵守相应的社会规则、积累相关生活经验，使身心得到全面发展。

3. 在服务过程中建立对"工作"的责任心，在与同伴、教师的"工作"交流中提高沟通能力和解决问题的能力。

游戏介绍

幼儿园以"初步培养具有良好学习品质、健全人格、能够适应未来社会生活的'社会人'"为目标，社会区域活动是培养"社会人"的重要途径之一，是幼儿园课程的重要内容。结合《指南》，幼儿园根据幼儿在做中学、玩中学、生活中学的特点，利用园所宽阔的公共走廊，模拟真实社会场景，教师和幼儿一起创建了十七个社会化的活动区：

一楼以自我服务类区域为主，设有组装乐园、花艺坊、小巧手、小熊穿衣、美味大厨房。

二楼以社会交往类区域为主，设有水吧、小剧场、小超市、银行、数码宝贝、图书馆和体检中心。

三楼以手工创意类区域为主，设有串珠阁、布艺坊、创意坊、木工坊和科学探究室。

在开展社会活动区游戏过程中，幼儿需要在区域中扮演各种社会角色参与服务，如超市收银员、银行职员、水吧服务员等。为了满足幼儿的游戏需要，大班自然生成了"快乐服务生"主题活动，孩子们在活动中分组讨论在游戏中遇到的问题，并尝试解决这些问题。

游戏说明

（一）游戏活动的流程：计划—游戏—回顾。

为了培养幼儿良好的学习品质，借鉴美国高宽课程模式中"计划—工作—回顾"活动顺序，教师在教研过程中逐步形成并实践了这一活动流程，通过实践让幼儿实现了从"自由学习"向"自主学习"的转变，提高了幼儿的游戏水平和学习的主动性。

1. 计划。

根据不同的年龄特点，教师设计了难易程度不同的计划形式。小班幼儿以口头计划为主，在教师的引导下说一说自己想去哪个区进行游戏；中大班幼儿以书面计划为主（填写计划表，中班的计划表相对简单、易操作），活动前后孩子用不同的方式记录自己的计划与实施情况；大班计划表相对复杂，分为活动前"我想去的区"和活动后"我去了的区"，并画出自己的游戏感受。孩子们根据自己的意愿进行思考并认真地填好想去的区域，填好后可以和小伙伴进行交流。

随着幼儿经验的提升和思维能力的发展，幼儿有了自己的想法和主见。从小培养幼儿的计划能力，不仅能够提高幼儿游戏与学习的效率和质量，更能培养他们良好的习惯以及做事的自主性。制订计划的过程正是幼儿调动内在主动性、不断思考和筛选以达到最优效果的过程，这种筛选过程也正是培养幼儿自主性的过程。

情景一：小班计划活动。

教师：今天是公共活动区游戏的日子，小朋友想去哪个区活动呢？

幼儿（认真思考）：计划去择菜、挣钱、换钱，再去水吧喝水。

幼儿：去一楼插花挣小印章，再去二楼银行换钱，然后再去小医院。

⋯⋯⋯⋯⋯

问答过程中教师适时地引导幼儿并积极地鼓励，最后教师肯定了孩子们的计划，并总结了孩子们的计划活动。

【教师思考】

基于小班幼儿还不能够完全自主地进行游戏计划，教师通过提问的形式帮助幼儿回忆各区的位置，用语言提示幼儿各区都能做哪些事情，引导幼儿采用口头计划形式初步规划自己想去的游戏区。

情景二：中班计划活动。

在开展游戏前老师引导幼儿在自己的计划表上做好计划。

依依在计划表上的小熊穿衣、银行、超市上画了圈，她要去这三个区域；潇潇将计划表上的大厨房画了圈，他要去大厨房做寿司；思思将计划表上的串珠阁画了圈，她要给妈妈做一个项链。

在这个过程中教师指导幼儿做计划，并提示幼儿选定要去的区域之后和小朋友相互说一说，看一看和同伴有没有选一样的区，可以结伴一起去游戏。

【教师思考】

中班幼儿已经具有初步的计划能力和解决问题的能力，而且对公共活动区游戏比较熟悉，教师指导的重点体现在：（1）引导幼儿认识计划表的使用方法；（2）对投放了新材料的区域特别强调，以激发幼儿的游戏兴趣；（3）引导幼儿感知做计划时哪几个区比较合适，帮助他们制订合理的计划；（4）基于中班幼儿喜欢与同伴一起游戏的特点，引导幼儿学习与同伴一起做计划的策略。

情景三：大班计划活动。

活动前教师和幼儿一起讨论计划去哪些区，并提问：做计划时应该注意什么？

幼儿：计划去木工区游戏的时候要计划少一点的区，因为在木工区游戏需要的时间比较长。

幼儿：做活动区计划的时候不要计划太多，否则完不成。

幼儿：做计划的时候要做顺序标注，确定先去哪个区后去哪个区。

幼儿：做计划的时候要考虑楼层，不要把时间都耽误在爬楼梯上。

接着教师请已经做好计划的幼儿说一说自己的计划。

形形拿出自己设计好的小汽车设计图和小朋友分享，说自己今天打算去木工区做一辆小汽车。

瑶瑶先要去串珠阁为妈妈串个戒指，接着去数码宝贝拍一张免费的照片，再去小超市为自己买一个小饼干，然后去银行换钱，最后去小剧场表演节目。

在幼儿表达自己的想法的时候，教师借助语言、手势帮助幼儿梳理层次，鼓励他们完成自己的计划。接着教师请小朋友把自己的计划记录在记录单上。

【教师思考】

大班幼儿思维能力较中小班幼儿有了较大的发展，他们思维的逻辑性、层次性日益清晰，能够解决相对复杂的问题，因此，教师提出了与大班幼儿发展水平相适应的问题——做游戏计划时应注意什么？给予幼儿表达的机会并请幼儿自主填写游戏计划表。

2. 游戏。

游戏开始后幼儿拿着自己的计划表，独自或三五成群地来到各个区域游戏。在游戏时，他们根据实际情况调整活动顺序，灵活地完成计划，体现出较强的应变能力。

情景一：到小超市购物——先换钱再购物。

大班的琪琪计划去小超市买东西，她先到银行换了钱，然后再到超市买东西。琪琪打算为班级的小朋友购买餐点时间吃的水果，她到超市拿了一个大柚子，然后到收银台结账。

情景二：到美味大厨房制作寿司——人多时调整计划。

瑶瑶和乐乐计划去美味大厨房制作寿司，他们来到大厨房后发现人很多，没有位子，便临时决定先到旁边的小熊穿衣区游戏。给娃娃穿完衣服后，两人再次来到大厨房，她们互相帮助穿好围裙，又到水池旁洗手，洗完手两个孩子高兴地来到备餐台前做寿司。

情景三：到木工坊制作小汽车——先画图纸再制作。

彤彤想制作小汽车，她拿着事先画好的小汽车图纸来到木工坊，选好位置，穿好围裙，根据设计图找到需要的木头、木板和工具，用台钳夹好木板开始工作。

【教师思考】

幼儿在游戏中会思考先去哪个区再去哪个区，先做什么再做什么，按照自己的计划进行游戏。虽然在游戏前制订了游戏计划，但是在游戏过程中会遇到各种各样的问题，这时幼儿会根据实际情况调整计划，体现出很强的自主性和解决问题能力。

3. 回顾。

游戏结束后，幼儿回班再次填写计划表，查看计划是否全部执行，没有完成的原因是什么，回忆整个流程，总结经验。

情景四：大班幼儿分享游戏感受。

涵涵：我去了木工区，我很高兴，因为我制作完成了一件简单的作品。

乐乐：我去了小熊穿衣区、大厨房、木工坊、科学探究室，能完成这么多计划，我很高兴。

瑶瑶：我本来想去小厨房，因为小厨房里人太多就先去了小熊穿衣区，后来返回厨房做了寿司，最后我把全部计划都完成了。

琪琪：我今天计划去超市、银行和小巧手，活动的时候，我先去银行换钱，再去超市给班级买水果。

老师肯定了幼儿的应变能力和解决问题的能力，肯定琪琪在游戏时能够想到班集体，全班小朋友都很感谢她。

【教师思考】

在分享环节，幼儿通过对游戏的回顾与分享，回顾了自己的游戏过程，总结自己的收获，串联起较为完整的知识经验，同时也体验了成功的快乐。

（二）游戏中的服务生

在区域游戏中，有一些服务角色通常由中大班的幼儿来承担。教师通过让幼儿自主选择岗位、在游戏中承担服务角色，培养幼儿认真做事、有始有终的态度，以及初步的任务意识和责任感。结合幼儿游戏的实际需要，自然地生成了"快乐服务生"主题活动。在主题活动中教师最大限度地给予幼儿主动学习的空间，支持幼儿自主讨论服务游戏内容、自主选择游戏角色、扮演记者调查各区的游戏、为各区做好游戏准备工作、亲身体验服务工作和发现游戏中遇到的问题，分组讨论并尝试解决问题。通过这一系列活动，有效培养了幼儿协商合作、解决问题的能力以及良好的学习品质。

1. 服务生的工作内容。

服务生在游戏开始时需要做好准备工作，服务全园的小朋友，如：帮助需要帮助的弟弟妹妹，发现服务中的问题并解决问题。游戏后收拾整理材料，并把它们放回原处。

（1）准备工作

服务生在开始游戏前需要摆放好各区的桌椅、材料，换好工作服，提前到岗做好游戏前的相关准备。

情景一：珊珊和然然是小厨房的服务生，游戏前她们两人一起从旁边的小三班搬来了择菜用的桌子，从小厨房搬出盖章用的小桌子以及围栏、外卖窗口，铺好桌布，准备好筐子（择菜用）、蔬菜、垃圾桶、印章，挂好围裙，等待游戏开始。

情景二：朵朵和一涵是花艺坊的服务生，游戏前她们从小二班搬出插花用的桌子，将所有的花分类摆放在桌子上，将上次插花展示用的花拆开放回筐里，并将花器分类摆放好。

情景三：组装乐园的服务生丁丁和乐乐将组装游戏材料分类摆放在不同的桌子上，收纳盒、螃蟹置物架等生活类的组装材料放在第一桌，恐龙蛋游戏组装材料放在第二桌，花器综合组装材料放在第三桌。然后又来到旁边的大型组装材料区，将地垫铺好，把组装材料从箱子中取出按形状分类码放好。

【教师思考】

大班服务生具备了自我服务和初步为他人服务的能力，游戏前的准备时间为幼儿提供了自我管理和服务的时间和空间。

（2）为全园幼儿服务

各区的小服务生明确自身职责，在游戏活动中尽职尽责地完成自己的"工作"。

情景一：超市收银员帮顾客结账。

安安买了海苔、棒棒糖等食品来到收银台结账，收银员辰辰帮他清点物品后说："总共 15 元。"安安付钱后离开，辰辰礼貌地说："欢迎下次光临。"辰辰还把收到的纸币按照面额放进不同的格子里。

情景二：银行的小职员帮小朋友换钱。

伟伟正在银行当小职员，他看着小顾客递来的卡片进行身份确认："您是中班的对吧？"确认后认真地在卡片上的红印章上划线，将兑换的钱和卡片一起交还给小顾客，之后说："欢迎下次光临。"

情景三：数码宝贝的服务生帮小客人做准备。

大班的朵朵正在帮小班的妹妹换服装、拉拉链；萱萱正拿着相机给小朋友拍照，一边拍一边说："一、二、三、笑一个！"拍完后，萱萱带着小朋友来到选片区，将照片拷在电脑中，请小朋友在两张照片中选择一张喜欢的。

情景四：体检中心的小大夫为小病人体检。

大夫小宇一边指着视力灯箱，一边请体检者回答相关问题，完成后又带着体检者检查听力并让体检者听三个听筒发出的声音，哪个声音和其他两个不一样；小胡是中医门诊的大夫，他认真地问前来看病的跳跳："你哪儿不舒服吗？"跳跳指指嗓子，小胡大夫看了看说："你是上火了，我给你开点菊花和冰糖吧，回家泡水喝，记住要多喝水。"说着从药柜里取了菊花和冰糖给跳跳。

服务生在游戏后收拾整理好各区材料，并将其放回原处。

【教师思考】

幼儿在服务中认真负责、热情周到，通过一系列丰富多样的服务活动，他们具备了初步的任务意识和责任感。

2. 大带小活动。

在游戏中，大班的服务生需要帮助遇到困难的弟弟妹妹，为弟弟妹妹讲解游戏玩法，帮助他们熟悉游戏内容，还带领他们熟悉服务生工作，教会他们如何服务。游戏结束后，大班的服务生还会将个别找不到班级的弟弟妹妹送回班级。

情景一：水吧服务生大带小游戏。

水吧的服务生瑞瑞帮弟弟妹妹划卡、挤消毒液，文文帮助弟弟妹妹夹吃的食物，并告诉他们每一种应该夹几个，接着询问他们想喝哪一种饮品，并为他们倒好水，最后带领他们找到座位。

情景二：银行服务生大带小游戏。

大班的银行收银员教会中班服务生如何换钱，伟伟说："蓝色印章不能换钱，小班一个红印章换 5 元钱，中班两个红印章换 5 元钱，大班三个红印章换 10 元钱。"

情景三：数码宝贝服务生大带小游戏。

数码宝贝的摄影师教会中班服务生如何正确使用照相机，告诉他们开关键、拍照键的位置，以及如何为小顾客拍照。

【教师思考】

大带小游戏增强了幼儿的服务意识，培养了幼儿主动帮助他人、关爱弟弟妹妹的情感，使中小班幼儿更好地融入到游戏中，更快地学会游戏的玩法。

3. 幼儿发现和解决问题。

在共同游戏过程中，教师支持服务生整理在游戏中遇到的问题，并在活动回顾时间大胆表达自己的想法，然后和全班小朋友一起分析原因，并说出自己的想法和建议，再筛选出可行的办法进行实践，在后续游戏中尝试解决和验证方法是否有效。

案例一：给小超市供货

【年龄班级】

大班幼儿。

【活动目标】

（1）通过游戏能够主动发现问题，感受分工合作解决问题的快乐。

（2）能够进行简单的数量统计。

（3）能够认真倾听他人讲话，敢于表达自己的观点。

【活动准备】

记录本，笔，商品，价签，包装袋。

【活动过程】

（1）发现问题——超市里的商品卖完了。

超市的服务生发现商品卖完了，需要补货，服务生想要了解小朋友喜欢哪些商品，于是他们到各班调研采访，询问小朋友想在小超市买到什么好吃的，并用图示方法记录下小朋友们的需要。

（2）统计分析——小朋友最喜欢的商品是什么。

超市的服务生对采访结果进行了讨论和分析。经过统计分析，服务生发现小熊饼干、棉花糖和海苔是大家最喜欢的三种商品，于是决定让老师帮忙准备这些商品。

（3）进货上架。

老师根据孩子们的统计结果进行采购后，小朋友再次分工协作进行分装、写价格标签、上架，小超市及时补充了小朋友们喜爱的商品。

【教师思考】

服务生在服务过程中及时发现了问题，并且用自己的方式进行调查和分析，之后大家分工协作及时解决了问题，体现出较强的解决问题能力。

案例二：宣传小剧场

【年龄班级】

大班幼儿。

【活动目标】

(1) 通过游戏能够主动发现问题，感受合作解决问题的快乐。

(2) 能够以小组合作的形式制作宣传海报。

(3) 能够积极主动，大胆表达自己的想法。

【活动准备】

记录本，笔，制作宣传海报的各种材料。

【活动过程】

(1) 发现问题——小朋友不爱来小剧场。

教师：小朋友在为大家服务的时候有没有遇到问题？

小剧场的服务生在活动中发现来小剧场游戏的小朋友越来越少了，他们提出：小剧场没人来表演或观看怎么办？

教师引导：小朋友为什么不愿意来小剧场游戏呢？大家进行一次采访好不好，知道了大家的想法、了解了真正的原因才能有效地解决问题。

(2) 调查人少的原因并想办法解决。

孩子们想要帮助小剧场服务生解决这个问题，他们通过分组调研的形式采访了全园小朋友，了解原因。之后教师和大家一起总结，并在小黑板上做记录，最后总结出四点原因：①没有想表演的节目；②没有合适的表演服装；③没有钱来观看演出；④花费太长时间。

根据大家的反馈和总结，教师和孩子们一起为小剧场增添了许多好看的服装，重新装饰了小剧场，同时引导孩子们排练了新节目。

（3）制作宣传海报。

小剧场有了新变化，可是大家都不知道，怎样才能让其他小朋友知道小剧场的变化呢？经过讨论，小剧场服务生想出通过宣传来解决这个问题。在老师的带领下，小朋友们先收集了各式各样的海报，了解了宣传海报应具备的要素，再以小组为单位分工合作、共同制作小剧场的宣传海报。

（4）拿着海报去宣传。

小剧场的服务生穿着表演服装、拿着宣传海报来到各班进行宣传，希望各班小朋友能够常来小剧场看节目或表演节目。在活动之后，来小剧场游戏的小朋友渐渐多起来。

【教师思考】

幼儿在游戏中发现问题，并通过多种方式解决了问题。在游戏过程中幼儿计划分工、协商合作、思考和表达的能力都得到了提升，同时获得了成就感，体验到服务的快乐。

4. 分享服务感受。

游戏活动结束后，教师组织幼儿集体分享经验：发现的问题是否得到解决，自己在服务中有什么感受，收获了什么。

情景一：水吧服务生分享服务感受。

教师：你是怎样为小朋友服务的？

服务生：我们帮助小班的弟弟妹妹倒水、夹吃的，能够为大家服务我们很开心。

情景二：小剧场服务生分享感受。

服务生：在全班小朋友的共同帮助下，小剧场解决了来游戏的人少的问题，看到来小剧场游戏的人越来越多，我们感觉很快乐，非常感谢大家。

【教师思考】

通过分享服务的收获与感受，能够让幼儿回顾服务的过程，思考解决问题的方法是否得当，查看是否有新的问题产生，帮助幼儿有效地梳理已有经验，形成较为完整的知识经验。

区域游戏反思

幼儿园通过开展社会区域游戏活动，为幼儿提供直接感知、实际操作、亲身体验的机会，使他们在游戏中自主探究，进而促进他们积极主动、认真专注、不怕困难、敢于探究和尝试、乐于想象和创造等良好学习品质的形成。

同时，幼儿以乐观向上的心态积极愉快地参加区域游戏，在服务与被服务中学会了理解与感恩，提升了各方面的能力。如：他们在完全开放的游戏空间里自由上下楼梯，学会了自我保护；在与"顾客"、同伴的沟通交流中习得了良好的沟通技巧；在支配劳动所得的钱币过程中，学会了合理使用钱财；在根据自己的性格特点和能力选择相适应的服务岗位过程中，学会正确认识自我，从而促进了健全人格的形成。

[北京实验学校（海淀）幼儿园教师：马宇娟　武春静　贾晓秀　史艳枫　赵莲君　徐然　张超]

（北京市海淀区教师进修学校学前教研员：张瑞芳）

第四节 体育游戏

一、空间有限 创意无限（中班）

游戏由来

《规程》指出："幼儿园应当因地制宜，创设游戏条件，提供丰富、适宜的游戏材料，保证充足的游戏时间，开展多种游戏。"

五 幼儿园有着独特的室内环境：宽敞明亮的走廊，敞亮开阔的活动室和睡眠室，以及"星空里""绿树下"等创意空间，为应对阴雨、雾霾等天气，开展体育活动提供了良好的室内运动环境。

为应对恶劣天气，根据幼儿的年龄特点和动作发展需要，构建适合中班幼儿主动发展的室内体育游戏，教师通过引导幼儿主动探索、大胆尝试，体验自己感兴趣的体育游戏。

游戏目标

1. 在体育游戏中不断调整自己的姿势，提升运动量，提高运动能力。
2. 通过多种体育游戏，发展走、跑、跳、匍匐、钻、爬、攀登、侧滚等方面的运动能力。

游戏准备

经验准备：幼儿在多种运动游戏中，体验过走、跑、跳、匍匐、钻、爬、攀登、侧滚等不同的运动方式，能较为灵活地控制自己的身体方向。

物质准备：（1）宽敞的公共走廊。

（2）软垫子，拱形门，攀爬架，梯子，轮胎，木板，桌子，椅子，彩色桥，塑料垫，小推车。

（3）呼啦圈，奶粉桶，纸砖块，花环，自制露露管，图形塑料跳圈，软飞盘，红绸子，自制跳袋，自制手套。

游戏过程

模块一：走廊游戏，乐趣无穷

游戏一：勇敢的小战士

【游戏材料】

呼啦圈，软垫子，拱形门，攀爬架。

【游戏过程】

1. 将游戏材料放在楼梯处，选择之前进行讨论。

教师：你们看到了什么器械？

幼儿：看到了软垫、彩虹门、花环。

教师：你们想选择哪些材料，怎样进行组合？

幼儿先观察了材料，之后和同伴进行讨论，并按照商定的方法进行组合摆放。

2. 在幼儿自主选择、摆放材料时，教师在一旁观察，如果幼儿在摆放过程中出现问题，如由于器械摆放距离不适宜影响到游戏，教师可以用"怎样摆才能在跳的时候不碰到呼啦圈"，这类引导性的语言去提醒幼儿调整呼啦圈的距离。

3. 幼儿自主进行器械组合，并按照摆放顺序进行爬、跳、攀爬、转身翻越等动作练习。

4. 幼儿循环游戏。

【教师思考】

各班门前的走廊是孩子们室内活动的首选场地，教师尝试打破班级界限，共享走廊空间。幼儿根据游戏需要，自主摆放器械，将软垫、拱形门、攀登架等器械有机地组合在一起。将器械材料组合后，他们进行了手膝爬、双脚跳、侧滚翻、攀爬等动作练习，提高了身体的协调性和灵活性。

游戏二：勇走小木桥

【游戏材料】

轮胎，木板，梯子，自制奶粉桶，彩色桥。

【游戏过程】

1. 教师与幼儿讨论如何利用轮胎和木板搭建小桥。

2. 幼儿根据讨论的方法搭建小桥，但遇到一些问题，如他们在摆放轮胎时，轮胎挨得太近了，木板无法架上去。

教师：两个轮胎是不是摆得太近了，木板还能放上去吗？

幼儿：轮胎摆得太近，木板摆上就会不稳。

教师：有什么办法能让木板稳稳地放在轮胎上？

幼儿：调整轮胎的距离。

接着，幼儿观察木板的长度，通过目测的方法调整轮胎间的距离，还有的幼儿先用一块木板测量一次再进行摆放。（幼儿可以根据自己的能力进行操作。）

3. 幼儿通过讨论，一起按照讨论的方法将轮胎摆好后，再搬木板将轮胎与板子进行组合。

4. 搭好后，幼儿开始游戏。

【教师思考】

轮胎是幼儿园常见的物品，为了让幼儿感受利用废旧材料游戏的快乐，增强环保意识，老师与家长收集了废旧轮胎、木板等材料，让孩子进行组合搭建。他们在多次尝试搭建中感受到器械摆放距离间的关系，对材料组合的认知更加深入，真正做到在游戏中体验，在游戏中学习。

游戏三：跳跃大闯关

【游戏材料】

纸砖块，呼啦圈，花环，自制露露罐，图形塑料跳圈，软飞盘。

【游戏过程】

1. 引导幼儿摆放跳跃大闯关的玩具材料。

教师：小朋友你们看到了哪些器械？

幼儿：我看到了纸砖、呼啦圈、软飞盘。

幼儿：我还看到了露露桩，还有各种图形跳圈。

教师：我们能不能把这些材料组合在一起进行游戏呢？

幼儿：可以组合在一起。

教师：你们想怎么摆？怎么组合在一起？

2. 幼儿根据讨论的结果将器械摆放好，进行游戏。

教师：怎样跳可以不碰到障碍物？

幼儿：眼睛盯着纸砖的距离。

幼儿：每块纸砖的距离要调整好，不能太远也不能太近。

教师：用什么样的方法可以迅速穿越障碍物？

幼儿：将软飞盘放在头顶时，一定要放在头的中间，不能偏。

3. 幼儿从纸砖起点出发，跳过障碍物，用开合跳的方式跳过花环，接着定向跳过图形跳圈。再从小筐里取出软飞盘，放在身体的各个部位，绕过露露桩，将软飞盘送到纸箱里，回到起点，闯关任务完成。

【教师思考】

鼓励幼儿利用纸砖、呼啦圈等材料体验具有开放性、挑战性的体育游戏"跳跃大闯关"。在幼儿富有想象力、创造力的活动中，体育活动不再是单纯的运动与游戏，而是孩子们富有创造性的主动探索。

模块二：主题空间，勇于挑战

游戏一：好玩的红绸子

【游戏材料】

一块 6 米长的红绸布。

【游戏过程】

1. 弯腰跑。

两位教师分别抓住红绸布的两端，6 名幼儿在红绸布下面弯腰绕 8 字形路线跑。

2. 手膝爬。

"绸子累了，躺在地上了，你们想和它做游戏吗？教师说着将红绸布平铺在地上，6 名幼儿从绸子一端手膝并用爬到另一端。

3. 分脚跳。

教师将红绸布对折后问："绸子现在怎么样了？"幼儿："变窄了。"教师："能怎么玩？"幼儿："能双脚分开跳。"6 名幼儿从绸子一端分脚跳到另一端。

4. 螃蟹走。

教师再将红绸布对折与幼儿讨论玩法。幼儿说："可以学小螃蟹走。"于是，6 名幼儿从绸子一端模仿螃蟹走到另一端。

5. 走独木桥。

教师再次将红绸布对折与幼儿讨论玩法，幼儿说可以走独木桥。6 名幼儿沿"独木桥"从一端走到另一端，走的过程中要小心，不要掉到河里。

【教师思考】

"绿树下"主题空间，有大树背景墙和设计巧妙的鸟窝，既自然又温馨，为孩子们营造了绿色生态的室内游戏环境。在触控屏发出的鸟鸣声中，一块长长的红绸布变化出屈膝跑、手膝爬、分脚跳、螃蟹爬等游戏，幼儿在参与游戏的过程中，提高了运动能力。

游戏二：小手小脚真能干

【游戏材料】

自制手套。

【游戏过程】

1. 教师出示小手套，与幼儿讨论如何利用小手套上下楼梯。

教师：小朋友，你们都会用小脚上楼梯，看一看谁能用其他的方法上楼梯、下台阶吗？（小手套放在身边的筐子里。）

幼儿：我可以用小手爬楼梯。

教师：小手会脏怎么办？

幼儿：可以戴上小手套，戴上手套手就不会弄脏了。

2. 幼儿戴上小手套，从台阶底部向上爬（手膝爬），到达上一层楼梯口。

教师：爬上了楼，怎么下来呀？

幼儿：可以用小屁股坐在楼梯上，一层一层往下滑。

3. 幼儿从上层楼梯向下返回时，小屁股坐在台阶上，一级一级向下移动。

4. 幼儿依次玩"爬楼梯""下台阶"游戏。

【教师思考】

一副小手套也能激发孩子开展创意楼梯游戏的兴趣，尝试手脚着地向上爬，下肢交替向下滑，在活动中尽情享受与楼梯做游戏的乐趣。教师应为幼儿准备多种体育活动材料，鼓励幼儿大胆选择，用自己喜欢的材料进行游戏。

游戏三：袋鼠跳跳跳

【游戏材料】

自制跳袋。

【游戏过程】

1. 幼儿将跳袋穿在身上，为了增强幼儿的兴趣，可以在跳之前说唱儿歌《我和布袋做游戏》。

我和布袋做游戏

我和布袋做游戏，身体装进布袋里。

双脚一定要并行，手抓布袋往上提，

屈膝蹬腿向前跳，找到妈妈笑嘻嘻。

2. 幼儿将跳袋套在自己的身上，进行双脚并拢屈膝跳。

教师：小跳袋套在身上如何跳得又稳又远？

幼儿：小手一定要抓好跳袋，不能跳着跳着就松手。

幼儿：跳的时候一定要双脚一起跳，不能慌，这样跳才稳。

3. 幼儿反复游戏。

【教师思考】

袋鼠是孩子们喜欢的小动物，"袋鼠跳跳跳"是他们最爱玩的游戏之一。为了帮助幼儿掌握游戏的动作要领，师生共同创编了儿歌《我和布袋做游戏》，伴随儿歌孩子们很快掌握了动作要领，上下肢协调能力也得到了提升。

模块三：奇思妙想，创意实践

游戏一：障碍连连过

【游戏材料】

桌子，椅子，塑料垫。

【游戏过程】

1. 引导幼儿利用室内的材料进行体育游戏。

教师：今天天气不好，小朋友们在室内进行体育游戏，你们说一说能用哪些材料进行游戏？

幼儿：桌子、椅子、大垫子。

教师：你们想好怎么玩了吗？

幼儿：可以用椅子玩，两把椅子面对面，摆成不同的造型。

幼儿：可以把椅子和桌子组合在一起，小朋友在椅子上走或在桌子上爬。

幼儿：可以把桌子、椅子、地垫结合起来玩。

教师：你们的主意真好，那你们一起将桌子、椅子和地垫结合在一起摆摆看吧。

2. 幼儿自主摆放桌椅，一边摆一边讨论，教师根据幼儿摆放的情况进行指导。

教师：起点在哪里？要设计好起点的位置。

幼儿摆放组合材料。

教师：地垫在摆好后怎样玩呢？

幼儿：可以双膝离地爬，可以从桌子跳到地垫上……

教师：椅子离门很近，小朋友走过去会怎么样？

幼儿：椅子离门太近，路太窄过不去，也会摔倒。

教师：椅子离门近，要怎样调整？

幼儿：将椅子摆在离门远一些的地方。

3. 幼儿将桌椅以及地垫布置在睡眠室后，教师引导幼儿在活动室进行摆放，更好地将室内空间全部利用上。

教师：睡眠室已经摆满了，活动室还空着，怎么办？能不能从睡眠室一直玩到活动室。

4. 幼儿根据教师的建议，再将桌椅布置在活动区，睡眠室和活动区全部布置好后，一起讨论如何玩？教师请幼儿分别说一说如何利用桌子、椅子玩游戏，以及如何在地垫上玩。

幼儿：用走、爬、钻、跳的方法玩。

5. 幼儿自主摆放好进行"障碍连连过"游戏。

【教师思考】

将桌子、椅子等自由组合，摆出多种造型玩游戏，是幼儿因地因时制宜、就地取材玩游戏的创意。在游戏中，孩子们尽情发挥、尽兴玩耍。

游戏二：小小送货员

【游戏材料】

桌子，椅子，小推车，手套，空筐，蓝色盒子。

【游戏过程】

1. 教师与幼儿讨论如何利用室内的材料进行"小小送货员"游戏。

教师：我们在室外进行"小小送货员"游戏，用塑料棒当障碍，室内没有塑料棒怎么办？

幼儿：没有塑料棒可以用椅子来代替。

2. 教师与幼儿进行讨论，将椅子摆好后，在室内进行"小小送货员"游戏。（将椅子摆成S形通道，可以从睡眠室一直摆到活动室）。

3. 幼儿从筐中取出手套放进小车中，推着小车快速走过摆好的S形椅子通道，将自己的手套取出放进终点的筐中。

4. 幼儿循环游戏。

【教师思考】

遇到雨雪、雾霾天气，宽敞的睡眠室和活动室就成了孩子们游戏的场所，最熟悉的桌椅变成了他们锻炼体能的游戏材料。大家一起积极讨论，将各种奇思妙想进行归纳、总结，之后合作将椅桌进行多种组合玩游戏，既新奇，又好玩。

游戏反思

这一体育游戏实践活动激发了幼儿参加体育活动的兴趣，练习了基本动作，增强了体能。同时，体育游戏培养了幼儿勇敢、不怕困难的品质和主动、积极合作的态度，为幼儿的健康成长奠定了良好的基础。

（中国人民解放军总后勤部五一幼儿园教师：闫莫　郭新　许丽君　王立红　强薇　高婧婧　袁靖雯）

（北京市海淀区教师进修学校学前教研员：田彭彭）

二、军旅体育游戏课程（混龄）

🐝 课程由来

总参军训部机关第三幼儿园是一所历史悠久的幼儿园。多年来，园所不断挖掘军旅教育资源，形成了独具特色的户外体育活动课程，该课程核心定位为——愉悦、科学、自主。

在海淀区教师进修学校学前教育研修室及专家的专业引领下，经历了区域体育游戏、一物多玩、综合体育游戏等三个实践研究阶段。这些活动充分利用部队教育资源，创设有趣的游戏情境，投放适宜幼儿探索的户外体育游戏材料，逐步形成具有军旅特色、能凸显各年龄段幼儿特点的体育游戏课程。使幼儿在宽松、愉悦、科学、自主的户外体育游戏中，身体素质和运动能力得到全方面提升。

✏️ 课程说明

课程研究核心之一——愉悦。

凸显环境的激发作用，调动幼儿参与户外体育活动的兴趣。

（一）材料投放：提供层次性、可变性的户外体育材料，激发幼儿参与活动的积极性。

《纲要》指出："幼儿园要开展丰富多彩的户外游戏和体育活动，培养幼儿参加体育活动的兴趣和习惯，增强体质。"为此，幼儿园从材料投放和游戏情境进行了实践研究，在材料投放上强调材料的层次性、可变性，以便实现每位幼儿在原有水平上的提升。

第一，材料的层次性。教师根据幼儿在运动速度、耐力、力量等方面的差异，有意识地将材料设计为大小不同、重量不同的类型，使同一类游戏材料能够满足不同发展水平幼儿的需要，如投放的保温板宽度、长短、重量不同，玩法与难易程度也不同。

第二，材料的可变性。引导幼儿改变材料的形态，实现一物多玩或多种材料组合创新，激发幼儿的兴趣。使幼儿自主选择符合自身运动水平的活动方式，保证每位幼儿在各自的最近发展区上获得成功的体验，增强自信心。

游戏案例：红布飞扬（小班）

【游戏目标】

1. 感受大红布的几种玩法，进行跳、爬、平衡等基本动作练习，提高身体协调性。

2. 形成良好的创新意识，对大红布活动产生兴趣。

【游戏准备】

大红布两块。

【游戏过程】

游戏一："跳过小河"——将大红布平铺在地上，幼儿站在大红布一侧，教师将大红布对折后当作小河，引导幼儿听到哨声跳过"小河"。（随时调整大红布的宽度。）

规则：幼儿双脚并拢用力跳过"小河"。

游戏二："急速翻滚"——幼儿在大红布一端排队站好，听到哨声后躺在大红布上面，依次快速翻滚过大红布。

规则：幼儿横躺在大红布上，双手合十，胳膊伸直举过头顶，用力迅速翻滚到红布的另一端。

游戏三："匍匐前进"——幼儿在红布一端排队站好，听到哨声后依次迅速匍匐前进爬过大红布。

规则：幼儿胳膊弯曲放在胸前，胳膊交替向前，腿部用力。

游戏四："穿越障碍"——幼儿在大红布一端排队站好，听到哨声后双脚迅速横跨在大红布两侧，跑向另一端。

规则：双脚横跨在大红布两侧，快速跑时脚不能踩到大红布。

游戏五："小精灵过桥"——教师将大红布折成窄窄的一条放在地上，幼儿在大红布一端站好，听到哨声后依次平稳地走过大红布。

规则：教师根据游戏内容调整大红布宽窄，幼儿在红布上行走，双脚不能踏在地上。

游戏六："仰面拉绳"——在地上铺上长长的垫子，将红布折成窄窄的一条，固定在垫子的上方，幼儿依次躺在垫子上，双手拉住红布向前移动。

规则：幼儿双手交替拉住红布，双脚用力向前蹬，移动身体。

游戏七："精灵追逐赛"——四位教师拉起两块大红布，两人拉一块红布为一组，两组红布一前一后平行向前走，幼儿在红布之间追着红布向前跑。

规则：幼儿在追逐跑时不能跑出红布之间的区域，跑时要注意安全，小朋友之间不要碰撞。

游戏八："彩虹飞舞"——四位教师分别站在四个方位拉住两块大红布使其交叉成"十"字，当大红布抖起时，幼儿跑到大红布下面，再次抖起时跑出大红布。

规则：幼儿从不同的方向钻入大红布下面，红布落下时双脚并齐、蹲下，当红布再次抖起时，从红布下面跑向四位老师身后。

（二）游戏情境：运用情境教学的方法，激发幼儿参与游戏的兴趣并体验快乐。

为了提高幼儿园体育活动的质量，在实践中幼儿园不断探索与研究，运用情境教学的方法（如角色体会情境、生活展现情境、材料创设情境等），把幼儿带到特定的活动环境中，引导幼儿主动参与，增加幼儿多样的运动体验，从而有效促进了幼儿运动能力的发展。

1. 以角色体会情境。

根据教学的需要，让幼儿扮演相应的角色融入情境之中，是创设情境的有效途径之一。幼儿通过扮演"小小工程兵""小小情报员""小小运输兵"等角色，如身临其境，这能够大大激发他们参与体育活动的兴趣。

2. 以生活展现情境。

《纲要》指出：幼儿园应与家庭、社区密切合作，与小学相互衔接，综合利用各种教育资源，共同为幼儿的发展创造良好的条件。

生活情境来源于幼儿的亲身经历，因此，在主题情境"小小解放军"活动中，为了丰富幼儿的经验，教师带领幼儿走进军营，感受战士们着装整齐、精神昂扬的状态，他们的各种训练活动更让孩子们激动万分，矫健的身姿唤起孩子们对体育游戏的渴望。

3. 以材料创设情境。

《纲要》指出："环境是重要的教育资源，教师要创设与教育相适应的良好环境，为幼儿提供活动和表现的机会与条件。既要为幼儿营造精神环境，更要为幼儿营造一个丰富、可感知的物质环境。"在军旅体育游戏中，教师利用日常生活用品制作出了逼真、丰富的游戏材料，让幼儿感受到活动的独特魅力，体验到材料带来的快乐，实现了幼儿体育活动的价值。

游戏案例：小小消防员（小班）

【游戏目标】

1. 学习钻、爬的动作要领并进行练习，提高腿部肌肉力量。
2. 有积极的态度、勇敢的精神和关爱小动物的情感。

【游戏准备】

经验准备：有抬担架的前期经验。

物质准备：由垫子、拱形门、红枫叶制作的火丛 2 组，由椅子、呼啦圈、彩纸制作的火圈 6 个，平衡木 4 根，担架若干，毛绒小动物若干，自制的小动物医院，自制的小动物之家，安全帽若干，小水枪若干，自制 4 个彩色箱，音乐《甩葱歌》《消防警报声》《bar bar bar》。

【游戏过程】

1. 介绍并模仿"消防员"的动作。
2. 游戏玩法：扮演"小小消防员"的幼儿戴好安全帽，拿着小水枪快速地钻过"火圈"、爬过"火丛"、走过"小桥"，到达"动物之家"后，用手中的水枪把"火"熄灭，救出一个小动物放在担架上面，两位幼儿一起把担架抬回来，送到"动物医院"。（幼儿依次进行游戏。）

3. 游戏要求：在钻"火圈"和爬"火丛"的时候，注意不要让身体碰到"火苗"，在过"小桥"的时候要保持平衡，抬担架时不要碰到其他人，注意安全。

【指导策略】

1. 在游戏过程中教师要时刻提醒幼儿注意安全。

2. 在过小桥的时候提醒幼儿要踩在平衡木的中心位置，防止摔倒。

3. 幼儿在抬担架时，要用双手紧握住担架的两端，不要倾斜、防止把小动物掉在地上。

课程研究核心之二——科学。

把握活动的合理性、全面性、适宜性、系统性，促进幼儿身心和谐发展。在幼儿园户外体育游戏实施过程中，我们坚持形式安排的合理性、内容选择的全面性、指导过程的适宜性原则。

（一）形式安排的合理性。

户外体育游戏根据儿童生理机能变化规律，把游戏划分为队列操节、集体游戏、区域游戏、放松整理四个阶段。

第一，队列操节：队列队形是对身体姿态和空间体位感觉的基本训练，能够帮助幼儿养成良好的习惯，培养幼儿自信、听从指挥、遵守纪律的个性品质。操节：操节活动是锻炼幼儿肌体，促进幼儿身体正常发育和机能协调发展的锻炼形式，能够激发幼儿的积极情绪。

第二，集体游戏：集体游戏是指在体育活动中，以身体锻炼为基本手段，需要团体协作来共同完成任务的游戏，能够增强体质、娱乐身心。

第三，区域游戏：在户外区域活动中，幼儿自由选择区域，体验自主参与体育活动的快乐，促进身心和谐发展；同时，在活动中幼儿的走、跑、跳等动作以及身体的协调性、灵活性得以提高，幼儿的运动安全意识和自我保护能力有所增强。

第四，放松整理：放松整理能消除疲劳，恢复体能，提高锻炼效率；幼儿活动后自主收放材料，能培养自我管理的意识和能力。

（二）内容选择的全面性。

根据幼儿发展的需要，我们设计了适宜幼儿走、跑、跳、投掷、攀爬等动作发展的内容，在发展幼儿基本动作的同时，促进幼儿身体素质的提升。

教师根据大班幼儿的年龄特点和动作发展水平，引导幼儿将游戏材料（麻袋、轮胎、垫子、保温板等）整合运用，建构出不同的组合方法，幼儿将运、传、跨、走、跑、攀登等不同的基本动作融入到富有变化的组合玩法中，创造了精彩的游戏体验，以此促进幼儿基本动作的发展，同时提升幼儿的身体素质。

游戏案例：麻袋大闯关（大班）

【游戏目标】

1. 积极探索麻袋的多种玩法，发展运、传、跨等基本动作。
2. 锻炼上肢力量，提升跨跳动作的协调性。
3. 养成积极向上、勇敢拼搏的良好品质。

【游戏过程】

第一关："扛麻袋"——将麻袋扛在肩上迅速运到训练场指定位置（终点）。

规则：麻袋放在右肩上，双手扶住麻袋，运送途中麻袋不能从肩膀上掉下来。

第二关："传麻袋"——小组合作，以传递的方法快速将训练场上的麻袋传送到仓库。

规则：幼儿在传递时可以采用抛接的形式，在抛接过程中麻袋不能掉在地上，最后一名幼儿要将麻袋摆整齐。

第三关："跨麻袋"——各小组人员排好队以最快的速度传递麻袋，迅速摆放整齐后，练习左右脚交替跨过麻袋大步跑。

规则：在跑的过程中左右脚交替，尽量将脚抬高，脚不能碰到麻袋。

第四关："跳麻袋"——提醒"队长"调整麻袋的高度，进行跨跳运动，结合各队需求，幼儿可以选择自己喜欢的老师加入到自己的队伍中，增加"超能量"，进行比赛。

规则：当前面的幼儿跨跳完最后一组麻袋后，第二名幼儿出发，在跳的过程中，脚要抬高，幼儿可以根据自己的能力选择跳三个麻袋或四个麻袋。

【指导策略】

1. 在游戏过程中，观察幼儿的游戏行为，给予适宜的引导。

2. 活动前，提醒幼儿注意运动安全；活动中，教师要保证幼儿的安全。

游戏案例：垫子乐翻天（大班）

【游戏目标】

1. 通过垫子游戏练习跳、跑、爬等基本动作，增强综合运动能力。

2. 勇于挑战，体验合作游戏带来的快乐。

【游戏过程】

游戏一："跳跃阵地"——幼儿在垫子后面站好，听哨声进行双脚跳动作练习。

规则：幼儿双脚并拢用力跳过"阵地"，不能踩到垫子。

游戏二："蹲跳阵地"——幼儿听哨声进行青蛙跳动作练习。

规则：幼儿做蹲跳动作，绕"阵地"一圈。

游戏三："跨越阵地"——幼儿在起点准备，听哨声进行跨跳动作练习。

规则：幼儿跨跳过"阵地"，不能踩到垫子，可根据自身情况调节运动速度。

游戏四："闪躲障碍"——幼儿从起点出发，听哨声沿S形路线跑。

规则：幼儿控制身体平衡，迅速绕开障碍，不发生碰撞。

游戏五："匍匐前进"——幼儿合作调整垫子组合，拼摆成"长龙"，匍匐爬行向前进。

规则：幼儿"快、准、齐"地组合垫子，依次匍匐爬过"长龙"。

游戏六："手脚前进"——幼儿从起点出发，手脚爬行前进。

规则：幼儿依次爬过"长龙"，并坚持到最后。

【指导策略】

引导幼儿用正确的方法练习双脚跳、跨跳、匍匐爬等动作。

游戏案例：迷彩箱变变变（大班）

【游戏目标】

1. 发展跨跳、平衡、爬、钻等基本动作，锻炼身体的协调性、灵活性及控制能力。

2. 培养敢于挑战、坚强勇敢的良好品质。

【游戏过程】

每位幼儿一个迷彩箱，放在指定位置。

游戏一："夹跳迷彩箱"——四位幼儿一组，双腿夹迷彩箱跳跃。

规则：幼儿双腿夹紧迷彩箱跳到终点。

游戏二："螃蟹走"——两位幼儿背靠背夹着迷彩箱，相互配合向前走，走到指定位置后返回原点，速度最快的小组获胜。

规则：幼儿背靠背夹着迷彩箱模仿螃蟹走，迷彩箱不能掉下来。

游戏三："跨跳迷彩箱"——几个迷彩箱叠加在一起，幼儿助跑跨跳过迷彩箱，攀登到梯子上，然后从高处跳下。

规则：幼儿从高处跳下时，两腿蹬直向前方跳下，落地时屈膝缓冲，两臂自然摆动协助维持平衡。

【指导策略】

1. 在游戏中，引导幼儿用规范、标准的动作进行练习。

2. 鼓励幼儿挑战游戏中有难度的动作，培养他们坚强勇敢的品质。

游戏案例：保温板乐翻天（大班）

【游戏目标】

1. 发展跑、跳、平衡等基本动作，提高身体的协调能力。

2. 体验合作的快乐。

【游戏准备】

长度、宽度、大小、厚度不同的保温板若干。

【游戏过程】

游戏一："跳一跳"——幼儿将小号、中号保温板间隔摆放，中间留一定的距离，幼儿从起点开始，双脚连续跳过保温板，到达终点，快速从两侧跑回起点位置。

规则：双脚同时起跳、前脚掌轻巧落地，动作要连贯协调，然后快速通过保温板障碍物，并从两侧跑回。

游戏二："走一走"——幼儿利用小、中、大三种不同型号的保温板，分别摆出高、中、矮三组不同高度的平衡桥，直接通过或者用身体不同部位运沙包通过。

规则：幼儿从起点开始平稳或快速通过保温板大桥。幼儿和身上的沙包不能掉下来。

游戏三："跨一跨"——幼儿利用小、中、大三种不同型号的保温板分别摆出四组不同高度的跨跳障碍物。

规则：幼儿从起点通过助跑跨跳的方式（一条腿要用力蹬地，另外一条腿要尽量往上弹起再自然落下）跨过保温板障碍物，并从两侧返回。

【指导策略】

1. 注意幼儿双脚连续跳的动作是否标准并做相应指导。

2. 引导幼儿从两侧返回起点，避免冲撞。

3. 鼓励幼儿大胆尝试，关注特殊幼儿（肥胖、超重或能力弱的幼儿）。

（三）过程指导的适宜性。

《纲要》指出："要尊重幼儿在发展水平、能力、经验、学习方式等方面的个体差异，因人施教。"在开展游戏过程中，教师在观察分析的基础上给予幼儿适宜的支持，采取"语言提示、动作示范、同伴学习"的方法进行指导。

课程研究核心之三——自主。

师生共同创建游戏，促进幼儿体育方面的主动探索与学习。在军旅区域游戏开展过程中，教师注重幼儿自主性的培养，鼓励他们根据自己的想法选择材料并进行自主建构，开展体育游戏，享受创造、运动带来的快乐，以此提高幼儿锻炼的兴趣，促进幼儿主动探索与学习。同时，教师针对户外游戏开展过程中出现的问题，鼓励幼儿自主解决，以培养幼儿独立、自信、自主等个性品质。

此外，教师给幼儿提供了尽可能多的身体运动机会，让每一名幼儿都能积极参与，在集体运动中，幼儿之间有了广泛接触与交往，使他们在活动过程中能相互学习、相互帮助、相互影响。

总之，为了孩子的精彩人生从幼儿园开启，教师将不断探索和创新，遵循"健康为先"的教育理念，进一步开发、利用军旅资源，优化"军旅体育游戏课程"，提升幼儿的运动能力，促进幼儿身心和谐发展，为幼儿的健康人生奠定基础。

（中国人民解放军总参谋部军训部机关第三幼儿园教师：李在琦　张冀凤　张璐　刘菲菲　刘璐璐　邸卿苗　陈奇璇）

（北京市海淀区教师进修学校学前教研员：赵蕊莉）

第五节　集体教学

音乐活动：毛毛虫变蝴蝶（中班）

🐝 活动由来

近期，教师发现班里的孩子非常喜欢故事《三只蝴蝶》，并在表演区进行了角色扮演。孩子们对故事中的蝴蝶有着浓厚的兴趣，尤其是对毛毛虫变成蝴蝶这一奇妙的演变过程充满了好奇。为了满足孩子们的探究欲望，结合他们的年龄特点和整合体验的学习方式，教师设计了这一音乐活动"毛毛虫变蝴蝶"。

🐦 活动目标

1. 通过多种感官，感受音乐中 AB 段不同的音乐形象，体验悲伤与快乐的情绪。

2. 在充分感受 AB 段乐曲的基础上，能够通过肢体动作和道具大胆表现对 AB 段乐曲的感受和理解。

3. 分角色表演，体验集体音乐游戏的快乐。

🚌 活动准备

经验准备：了解毛毛虫和蝴蝶的外形特征和生活习性。

材料准备：袜子，纱巾，头饰，音乐，毛毛虫变蝴蝶的视频。

🌱 活动重难点

重点：感受音乐中 AB 两段不同的乐曲风格。

难点：通过肢体动作和道具大胆表现对 AB 段乐曲的感受和理解。

活动过程

开始部分：观看视频，讨论毛毛虫与蝴蝶的心情。

1. 提出问题，引出视频。

教师：今天老师为小朋友请来了一位好朋友，你们猜猜它是谁呢？

幼儿：蝴蝶。

教师：蝴蝶漂亮吗？

幼儿：漂亮。

教师：蝴蝶是由什么变成的呢？

幼儿：毛毛虫。

教师：你们太棒了，都知道蝴蝶是由毛毛虫变成的，老师还给你们带来一个小电影，我们一起来看一看。

2. 请幼儿观看视频"毛毛虫变蝴蝶"。

3. 讨论视频中毛毛虫与蝴蝶的两种不同的心情。

教师：你们看到毛毛虫没有变成蝴蝶的时候，它是什么样子的？心情是什么样的？

幼儿：伤心。

教师：伤心是什么样子？谁来学一学？

幼儿：皱着眉头（做皱眉状）。

教师：还有呢？

幼儿：毛毛虫不开心。

教师：不开心是什么样子的？

幼儿：瘪着嘴（做瘪嘴状）。

教师：还有什么心情？

幼儿：不高兴。

教师：不高兴是什么样子的？

幼儿：撅着嘴（做撅嘴状）。

教师：嗯，撅着小嘴巴。

教师：当毛毛虫变成蝴蝶后心情是怎么样的？

幼儿：蝴蝶特别高兴。

教师：特别高兴是什么样子的？

幼儿：微笑（做微笑状）。

教师：微笑露出小牙了，谁还能说一说？

幼儿：开心地笑（做开心笑状）。

教师：露出牙齿，张开嘴巴笑了。

幼儿：高兴时就会跳跃。

通过视频使幼儿了解毛毛虫变成蝴蝶的过程，同时也使幼儿体会到毛毛虫与蝴蝶的不同心情。

基本部分：感受音乐，表现不同的音乐形象。

1. 欣赏音乐《毛毛虫变蝴蝶》。

教师：我这里还有一首毛毛虫变蝴蝶的音乐呢，我们来一起听一听好不好？

教师：表达毛毛虫的音乐和表达蝴蝶的音乐有什么不一样呢？

幼儿：表达毛毛虫音乐慢，表达蝴蝶的音乐快。

幼儿：表达蝴蝶的音乐比表达毛毛虫的音乐欢快一些。

幼儿：表达蝴蝶的音乐很快乐。

幼儿：表达毛毛虫的音乐听起来很伤心。

2. 倾听理解和表现 A 段音乐。

（1）用袜子表现毛毛虫。

教师：老师这里有一只袜子，我把它变一变、拧一拧，看它一伸一缩像不像一只胖胖的、可爱的毛毛虫？我们的小椅子下面也藏着一只毛毛虫，快把它请出来吧！

教师：我们也把它变成可爱的毛毛虫吧，拧一拧变成毛毛虫，之后可以把它放在地上爬一爬。我们手中的毛毛虫是什么样子的呢？我们来听音乐感受一下吧。

（2）用不同的身体部位表现毛毛虫。

教师：小朋友们尝试用自己身体的不同部位来表现毛毛虫吧！

幼儿：我用腿。

教师：用腿来表现毛毛虫，我们大家一起来试一试。

幼儿：我用手臂。

教师：我们大家一起来试一试。

幼儿：用手指来表现。

幼儿：我用胳膊来表现。

幼儿：我用身体来表现毛毛虫。

教师：用身体是什么样子的？来表演看一看？

教师：哇，原来是这样子的，好像啊！现在老师唱，你们做动作，看看不同的毛毛虫是什么样子的？

（3）教师与幼儿共同用肢体表现毛毛虫。

教师：看到了用小手指表现的毛毛虫……

教师：看到了用腿表现的毛毛虫……

教师：看到了用身体表现的毛毛虫……

教师：毛毛虫爬树了……

教师：胳膊也可以表现……

教师：孩子们真棒！小毛毛虫们都睡着了吗？我来摸一摸可爱的毛毛虫们，你们太可爱了！

教师：我看到了各种各样的毛毛虫。

3. 倾听理解和表现 B 段音乐。

（1）倾听感受 B 段音乐。

教师：我们听一听音乐，毛毛虫怎么了？

教师：你们一听到蝴蝶的音乐都跳起来了，为什么你们一下就跳起来了？希希好像是第一个跳起来的，为什么？小毛毛虫变成蝴蝶了，它的心情什么样？为什么一下跳起来了呢？

幼儿：毛毛虫长大了，变成了小蝴蝶，它特别漂亮，心里特别高兴。

幼儿：因为非常高兴。

幼儿：因为很激动。

教师：除了高兴，还有没有其他词来表达？

幼儿：特别兴奋……

教师：那你们刚才都用的什么动作来表现呢？

幼儿：飞，跳跃。

教师：翅膀在扇动，还有的在跳跃。都跳起来了，太开心了是吗？我看看小蝴蝶是怎么优美地飞的？

（2）幼儿用道具装扮自己。

教师：老师还为小朋友准备了漂亮的纱巾，看看这些纱巾能用来做什么？

幼儿：可以飞，可以当蝴蝶的翅膀。（鼓励幼儿互相帮忙。）

教师：选一种漂亮的纱巾来装扮自己，把自己变成美丽的蝴蝶好不好？（小朋友拿纱巾装扮自己。）

教师：小朋友可以互相帮忙，也可以请老师来帮忙。

教师：我也来装扮自己，我是蝴蝶妈妈，你们是蝴蝶宝宝。

4. 分角色进行表演。

教师：小朋友们愿不愿意跟随音乐，把毛毛虫变蝴蝶的故事完整地表演下来呢？

幼儿：愿意！

幼儿分别扮演毛毛虫和蝴蝶跟随音乐进行表演。

教师：我们的表演太精彩了，都变成了美丽的花蝴蝶，可以去参加森林中的选美大赛了。我们一起飞出去，参加选美大赛了。（一起做飞的动作。）

结束部分：教师和幼儿在草坪上跟随音乐分角色进行表演，活动自然结束。

活动反思

　　此次活动来源于孩子们感兴趣的一个话题。在活动中，教师通过视频、谈话、倾听音乐等方式调动幼儿的多种感官，并且通过引导语和提问引导幼儿感知音乐中 AB 段乐曲的不同风格，充分感受和体验毛毛虫变成蝴蝶的情绪变化。如在开始部分，教师请幼儿观看了小视频，生动形象的画面、富有吸引力的童声解说深深地吸引着孩子们，帮助孩子们清晰地了解到毛毛虫蜕变成蝴蝶的整个过程。随后，教师请幼儿欣赏《毛毛虫变蝴蝶》中的两段曲风不同的音乐，通过提问请幼儿表达自己对音乐中毛毛虫变蝴蝶心情的感受与理解。

　　为了使音乐形象更加逼真，教师还提供了袜子、纱巾等道具供幼儿表达表现。袜子是幼儿非常熟悉的日常生活用品，但是利用袜子来表现毛毛虫，他们还是表现出惊讶和兴奋，袜子也能变成毛毛虫吗？教师及时抓住幼儿这种好奇的心理，请他们用袜子作为道具，表现毛毛虫缓慢蠕动的身体。

　　活动中幼儿自然地融入到音乐中，在与教师的互动中，他们能够根据不同的音乐风格大胆地进行表达表现。身着美丽"翅膀"的孩子们，仿佛已经变成了一只只美丽的蝴蝶。当表达毛毛虫的音乐响起时，他们表现得沉重忧伤，当表达蝴蝶的音乐响起时他们表现得快乐自信，孩子们投入地表演并与教师激情互动。在活动中，他们大胆、有创意地表达着自己对音乐的理解，同时也感受到音乐游戏带来的快乐。

（北京大学附属幼儿园教师：赵娜　郭宏）

（北京市海淀区教师进修学校学前教研员：陈敏倩）

第六节　亲子活动

海淀区早期教育课程实践探索（早教课程）

活动由来

2~3岁的幼儿主要是靠感知觉来认识世界，《全国家庭教育指导大纲》中指出："指导家长为儿童提供抓握、把玩、涂鸦、拆卸等活动的设施、工具和材料，用亲子游戏的形式发展儿童双手协调、手眼协调等精细动作。"幼儿园结合幼儿的年龄特点和发展需求，以及家长在家庭教养中的困惑问题，挑选了日常生活中一些废旧物品，设计了"有趣的盒子"。一方面通过引导家长和宝宝对盒子进行观察、装饰和游戏，共同体验玩盒子的乐趣，培养幼儿探索的兴趣，激发幼儿的想象力，促进幼儿小手动作的灵活性和协调性。另一方面，启发家长和孩子一起寻找生活中的废旧物品或自然材料，通过变换和创造游戏玩法，真正地将亲子游戏带回家，促进幼儿的发展。

活动目标

1. 通过亲子游戏，培养幼儿的自我服务意识。
2. 结合季节特点，利用落叶等在户外对大箱子进行粘贴和装饰。

活动准备

物质准备：大小不同的各类盒子，图案贴纸，纸黏土，皱纹纸，胶棒，双面胶，筐子。

经验准备：幼儿能够简单掌握使用双面胶、胶棒粘贴纸张的技巧。

活动重难点

重点：通过装饰盒子，练习"撕""捏""团""粘"等动作，发展宝宝手部小肌肉动作和手眼协调能力，并激发幼儿的想象力。

难点：指导家长用欣赏和鼓励的方式及游戏化的语言指导幼儿游戏，培养幼儿专注做事的能力。

活动过程

（一）课程研究核心——自我服务能力。

武警总部机关幼儿园在早期教育课程中特别注重幼儿的全面发展，并根据幼儿入园适应中常出现的问题制定了适宜的早教活动内容。针对幼儿基本生活习惯、幼儿动手能力和社会交往的不适和欠缺，开展了"早幼衔接"活动。2～3岁是幼儿生活自理能力和生活习惯初步养成的关键期，教师通过在生活环节中对家长的观察和指导，使家长真正领悟教育规律和方法，学会在生活中抓住教育契机，逐步提升家长科学育儿的指导能力，最终将幼儿园与家庭教育有机融合，让幼儿接受影响一生发展的早期教育。

生活活动：自己的事情自己做

【活动目标】

通过自己洗手、接水、收拾废弃物等活动，培养幼儿自我服务的能力。

【活动准备】

温度适宜的白开水，水杯，水壶，毛巾。

【活动过程】

1. 通过丰富有趣的亲子游戏，增强自我服务意识。

2. 通过亲身参与、亲子互动与交流讨论，提升家长育儿理念。

【教师思考】

经过一段时间的早期教育活动，坚持来园的宝宝们情绪稳定，乐于与教师、家长、同伴游戏，但是由于不同陪护家长的原因，包办代替行为仍然存在。为此，教师通过给幼儿创设自主做事的条件和机会，鼓励幼儿来园后主动参与，不仅激发了幼儿自主做事的兴趣，还提升了他们自我服务的能力。

（二）课程研究核心——亲子共享阅读。

亲子阅读是我园开展早期教育的特色课程。通过阅读多种类型的书籍（如图画书、手偶书、立体书、翻翻书等），结合书中可爱的形象、温馨的画面、简洁的语言等，将婴幼儿的阅读兴趣点与幼儿的现实生活、身心发展特点有机结合，让幼儿在这些活动中学习更多的知识。

阅读活动：亲子共读

【活动目标】

亲子共同阅读，体验阅读的快乐。

【活动准备】

各类婴幼儿图书。

【活动过程】

在家长的引导下幼儿与同伴一起说儿歌、听故事。

【教师思考】

在开学初，教师发现家长和幼儿阅读互动中出现了许多问题，如家长不明白阅读的意义，盲目地为孩子选书，由于缺乏亲子阅读指导方法，导致幼儿对看书不感兴趣，注意力不集中。因此，教师根据2～3岁幼儿的年龄特点和兴趣需求，为幼儿选择了丰富生动且适合他们阅读的图书，并且指导家长运用儿歌、游戏、表演等方式与幼儿互动。亲子阅读指导重点在于培养宝宝对阅读的兴趣，通过开展亲子阅读活动和指导家长阅读方法，逐步提升了幼儿倾听、观察、表达、模仿的能力，培养良好的阅读习惯。

（三）课程研究核心——交往能力。

北京市《0~3 岁儿童养育与教养指导手册》指出："婴幼儿是以整个身体与感官来学习的，是在与人交流互动中学习，是在一日生活与游戏中学习和发展的。"幼儿园在开展早期教育课程中，每次活动围绕一个主题，将礼貌问好、轮流分享、表达需求、动手操作等内容纳入早教课程中。

交往活动：找朋友

【活动目标】

培养幼儿大胆、主动的交往意识。

【活动准备】

音乐《找朋友》。

【活动过程】

伴随音乐，教师引导家长亲身体验并示范，鼓励幼儿与同伴、教师、家长相互拥抱、问好。

【教师思考】

教师为家长和幼儿创设了一个轻松、愉快、和谐的教育氛围，在互动游戏中提高幼儿与同伴、成人之间大胆交往的能力，并将交往方式在游戏中传递给家长和幼儿。

（四）课程研究核心——亲子音乐律动。

在每次的主题环境中，根据幼儿入园适应中常出现的问题制定适宜的早教活动内容，将幼儿的基本生活习惯，如洗手、喝水、进餐、收拾玩具等纳入早教课程中。教师根据洗手、刷牙、洗脸等动作，创编出朗朗上口的亲子律动、儿歌，在吟唱中激发幼儿自主做事的意愿，提升幼儿的自我服务意识。

音乐律动：伊比呀呀

【活动目标】

通过模仿音乐律动，激发幼儿自主做事的意愿，培养幼儿良好的生活习惯。

【活动准备】

音乐律动《伊比呀呀》。

【活动过程】

1. 宝宝讲卫生。在音乐的伴随下，鼓励家长和宝宝模仿刷牙、洗脸等动作。

鼓励家长用游戏化的语言激发幼儿自主做事的兴趣，如"小手真能干，闻闻小手香不香!"

2. 宝宝真能干。拓展音乐游戏内容，鼓励家长在生活中创编喝水、吃饭的儿歌，并模仿相应动作与幼儿进行互动游戏。

【教师思考】

在平日的活动中，观察到家长能积极配合教师开展各项活动，但部分家长在对幼儿进行指导时缺乏游戏化的语言引导及互动，不会用科学适宜的方法和策略激发幼儿自主活动。教师在创编活动时要考虑到教授方式的专业性，并能够让家长在第一时间认同与接纳，积极主动地与孩子互动。因此，教师结合生活活动创编了朗朗上口、节奏明快的律动，启发家长学会在生活中举一反三，如结合吃饭、穿衣等动作技能创编更有创意的儿歌和律动进行互动游戏，可谓一举多得。

（五）课程研究核心——废旧物利用，开展"一物多玩"游戏。

本班幼儿年龄在 2～3 岁之间，这个年龄段是手部肌肉发展的关键期，宝宝在生活中喜欢摆弄熟悉的玩具材料，如瓶子、罐子、盒子等物品。教师结合宝宝的年龄特点和发展需求，寻找了生活中一些废旧物品进行筛选并反复尝试，设计了可以一物多玩的盒子。教师通过有目的、有计划地引导家长和宝宝对盒子进行观察、制作和游戏，鼓励家长用游戏化的方式和孩子共同体验玩盒子的乐趣，目的是激发宝宝的想象力，培养宝宝探索和动手能力，启发家长学会挖掘生活中的有利资源作为教育契机，通过盒子的多种玩法，真正将亲子游戏带回家。

集体活动一：有趣的盒子

【活动目标】

指导家长用欣赏和鼓励的方式，引导幼儿动手操作、进行游戏，培养幼儿专注做事的能力。

【活动准备】

大小不同的盒子，图案贴纸，纸黏土，皱纹纸，胶棒。

【活动过程】

1. 轻松谈话，引出活动。

教师：今天小朋友带来了许多漂亮的小盒子，咱们用材料宝宝给小盒子穿上漂亮的衣服吧。

2. 示范材料，激发兴趣。

教师：这是什么？

幼儿：双面胶、胶棒。

教师：它们可以用来做什么？

幼儿：做手工。

教师：这些是什么？

幼儿：彩纸、皱纹纸、纸黏土……

教师：它们可以用来撕、捏、搓、团、压……

教师通过简单示范，指导幼儿了解不同材料的用法和玩法，并鼓励家长引导幼儿使用不同颜色的彩纸、皱纹纸、纸黏土等材料对小盒子进行装饰。

家长鼓励幼儿自己选择盒子，激发幼儿动手的兴趣，如给盒子穿上漂亮的"衣服"，看看能"变"成什么？

3. 提供材料，自主选择。

教师指导家长鼓励幼儿自己选择盒子和材料，教师跟进观察并及时发现家长与幼儿互动中出现的问题，进行适宜指导。

4. 制作盒子，动手尝试。

教师巡视并指导家长学会放手，观察幼儿自主活动情况并给予适当帮助。

教师指导家长运用游戏化的语言，激发幼儿的想象力，提高幼儿自主动手能力。

教师：远远地就闻到香味了，宝宝在做什么？

幼儿：做面条（撕纸）。

教师：我还想吃疙瘩汤，怎么做？

家长引导幼儿：可以用纸黏土……

5. 互相观察盒子，互动交流。

教师指导家长鼓励幼儿将装饰后的盒子相互观看，交流分享经验。

首先，引导幼儿与同伴交流，介绍自己制作的盒子，并说一说怎么玩。其次，鼓励家长模仿教师的游戏方法，启发并引导幼儿与同伴交流经验。

教师：乐乐用你的"小水桶"给多咪的"小鱼缸"里倒点水吧，需要帮助吗？

教师：我请你吃水果，我请你看小鱼。

【教师思考】

教师引导家长和宝宝对盒子进行观察，操作并进行游戏，鼓励家长用游戏化的方式共同体验玩盒子的乐趣，培养宝宝探索和动手的能力，启发家长学会挖掘生活中的有利资源作为教育契机，通过分享盒子的喜悦鼓励宝宝相互欣赏，培养宝宝大胆交往的能力。

集体活动二：创编盒子游戏

【活动目标】

鼓励家长和幼儿变换游戏玩法，激发幼儿大胆想象，增进亲子感情。

【活动准备】

自制的盒子若干，音乐《走走停》。

【活动过程】

1. 教师启发家长和幼儿创编游戏。

教师出示道具盒子，启发家长创编盒子游戏。

教师：我请盒子跳个舞，怎么跳？

幼儿玩盒子：这样跳……

教师：我请盒子唱个歌，怎么唱？

幼儿玩盒子：这样唱……

2. "我"和盒子做游戏。

请幼儿与家长自主创编盒子游戏，帮助家长丰富育儿经验，并请一组幼儿和家长进行现场分享。

家长：多咪在家挺喜欢玩盒子的，而且还喜欢和家人玩抱抱亲亲的游戏，我想是不是可以和两者结合起来，既能玩游戏，又可以在游戏中认识自己的身体部位……

3. 集体体验盒子游戏。

伴随音乐，请幼儿和家长用身体各部位找盒子做朋友，共同快乐游戏。

【教师思考】

通过盒子游戏引导幼儿感知和熟悉身体各部位，不仅增进了亲子感情，还发挥了家长优势，利用智慧创编出更多游戏，提升了家长创编游戏的能力，家长通过创编游戏，理解了亲子游戏的内涵，成为宝宝教育与游戏的支持者，真正地将亲子游戏带回家，促进幼儿的身心发展。

（六）课程研究核心——家长沙龙。

家长沙龙能引发家长体验、思考和研讨活动，能帮助家长转变观念、树立科学的育儿观并学习育儿方法。

家长沙龙：宝宝的小手真能干

【活动目标】

引导家长认识自身行为和态度对幼儿造成的影响，注重幼儿动手能力的培养，提高家长自身的育儿理念。

【活动准备】

亲子互动视频，纸张，笔若干。

【活动过程】

1. 手指游戏：通过48和86的手指游戏体验感受，引发思考。

教师小结：手的动作直接反映出大脑的抑制与转化功能，家长不协调的动作与宝宝最初控制能力不强的感觉是类似的，都是经过不断练习才能达到灵活自如。

2. 家长交流体会。

家长回忆孩子在生活中常见到的手部动作行为，并了解3岁前幼儿的手部发展特点，体会反复练习对于手部精细动作的影响。

教师小结："动作"是宝宝认知发展的根本，宝宝手部动作的分化正是促进大脑细胞间突出连接的重要因素，随着宝宝年龄的不断增长，手部运动能力也会不断提高。因此重视宝宝手部动作的发展对于宝宝的智力发展益处多多。

3. 观看亲子互动视频。

通过对比观察，感受不同育儿方式对幼儿发展的影响。

视频（1）：家长鼓励幼儿自己用小勺和筷子尝试夹菜吃饭。

视频（2）：家长代替孩子尝试用剪刀剪纸。

4. 分组讨论。

（1）分析视频中家长包办代替的原因。

（2）梳理如何引导宝宝动手的策略和方法。

（3）请家长代表发言。

5. 教师总结，引导家长转变观念，丰富育儿策略。

以取材方便为原则共同寻找生活材料创编玩法，激发宝宝动手的兴趣。

【教师思考】

通过早教班问卷调研了解到大部分家长觉得孩子小，自己做事情的能力需要3岁之后培养，还有个别家长觉得很麻烦，因为孩子做事慢又做不好，没有充分认识到动手操作对于3岁前幼儿发展的重要性，包办代替的现象突出。

3岁之前是幼儿手部精细动作发展的关键期，教师结合家长的这些问题，开展了活动"我的小手真能干"。家长和教师通过发现、探讨、总结问题，在交流中共同体验、感受在育儿中的问题制定了相应策略，引导家长在日常生活中多为孩子提供小手肌肉发展的机会，丰富家庭育儿策略，同时促进幼儿的健康成长。

（七）课程研究核心——区域活动。

幼儿园根据2~3岁幼儿的年龄特点和兴趣，将多功能厅活动室合理利用，划分为图书区、美工区、益智区、娃娃家，为家长和幼儿提供了温馨、安全、舒适的活动环境。

图书区：是"社区早期妈咪书吧"的再现与延伸，我们将家长的需求通过"妈咪书吧"与家长共享，以亲子共读、家长阅读、教师推荐等形式来推动。提升了家长观察、指导孩子阅读的能力，提高了家长对亲子阅读的重视程度及科学教养水平。通过宝宝自己选书、家长讲书、共同阅读等形式，培养宝宝爱书、爱阅读的习惯。

美工区：结合季节特点，利用自然材料，通过"撕""团""粘""剪"等制作树叶和水果宝宝，练习幼儿小肌肉的动作。结合盒子活动，通过投放多种常见物品等材料，让区域活动和集体活动有结合、延伸。

益智区和娃娃家：自制和投入适合2～3岁幼儿年龄特点，体现生活化、游戏化的操作玩具。通过家长扮演角色，运用游戏化的语言引导幼儿与同伴一起进行游戏，鼓励幼儿做力所能及的事情，提升幼儿主动与他人交往的意识。通过夹夹子、娃娃系纽扣、喂豆、系绳等游戏，发展幼儿小肌肉动作和手眼协调能力。

活动反思

通过调研、观察，教师发现早教班的宝宝们对拼插、积木、贴画、涂鸦、模仿等活动非常感兴趣，更喜欢摆弄生活中熟悉、常见的物品，如瓶子、罐子、箱子、盒子等。《指南》中提出："玩具不一定是买来的，简单的生活用品或是自然材料同样能激发孩子游戏和创造的兴趣。"根据《指南》精神，结合早教班2～3岁宝宝的年龄特点和兴趣需求，教师寻找到一些贴近生活的、安全、环保、适宜创编游戏的物品，创设了活动"有趣的盒子"。

活动主要分为生活环节、游戏环节、家长沙龙、交流环节等，引导家长运用游戏化的语言或方式吸引幼儿参与集体游戏，培养幼儿良好的情绪情感和游戏兴趣。通过促使家长放手，鼓励宝宝自己的事情自己做，加强宝宝的小肌肉力量，提升了他们的手眼协调能力和运动能力，并指导家长利用生活中的物品制作玩具、创编游戏，成为宝宝教育与游戏活动的支持者。

（中国人民解放军武警总部机关幼儿园教师：苏丽　石艳丽　李迎）

（北京市海淀区教师进修学校学前教研员：马虹）